숲유치원과 숲학교를 위한
밧줄놀이2

그네요정과 로프대장

숲유치원과 숲학교를 위한
밧줄놀이 2

지은이 | 알렉산드라 슈바르처 / 수잔 강성희
표지 | 장정화

초판 | 2012년 4월 19일
5쇄 | 2022년 2월 28일
등록번호 | 제399-2022-000002호
펴낸이 | 강성희
펴낸곳 | 아이다움숲 / 사)한국숲밧줄놀이 연구회
주소 | 경기도 남양주시 와부읍 궁촌로 6-35
전화 | 031) 576-4985
팩스 | 031) 624-5337
이메일 | idaumforest@naver.com

ISBN | 979-11-977860-2-0
가격 | 16,000원

이 책의 저작권은 알렉산드라 슈바르처와 아이다움 숲 연구소에게 있으며, 책 내용의 일부 또는 전부를 재사용하려면 반드시 저작권자나 아이다움숲의 동의를 얻어야 합니다.

그네 요정과 로프 대장

숲유치원과 숲학교를 위한
밧줄놀이 2

알렉산드라 슈바르처 / 수잔 강성희 지음

아이다움숲

이 책에 소개한 밧줄놀이의 안전에 대한 책임은 전적으로 그 기구를 설치하는 사람에게 있다. 밧줄놀이 기구는 반드시 책임자의 지도 아래 설치해야 한다.

우리는 모든 지식과 양심을 다해 이 책을 썼다. 그러나 혹시 이 책의 설명에 의도하지 않은 잘못이 있거나 이 책에서 설명한 밧줄놀이 기구를 설치해서 예기치 않은 사고가 일어난다 해도 우리는 그에 대한 책임을 지지 않는다.

이 책은 밧줄놀이 기구 설치 정보를 제공하지만, 그 설치와 운영 담당자가 반드시 적절한 교육과정을 이수할 것을 권장한다.

밧줄놀이2를 내며

밧줄놀이 1권이 나온 지도 1년이라는 시간이 지났습니다.

그동안 (사)한국숲밧줄놀이연구회도 설립되고 숲생태교육 분야에 종사하시는 많은 분, 또 전혀 다른 분야에서 일하시는 분들도 숲밧줄놀이를 통해 만나게 되었습니다.

밧줄놀이를 경험하신 분들은 모두 한결같이 이렇게 좋을 수가 없다며, 아이들에게 꼭 필요한 것이라고 말씀하십니다.

멀리서 밧줄놀이를 만나러 오시는 분들 그리고 밧줄놀이를 함께 확산시키시는 분들 할 것 없이 우리는 모두 밧줄놀이의 매력에 흠뻑 빠져 아이들뿐 아니라 청소년과 성인에게도 밧줄놀이가 큰 즐거움을 선사한다는 것을 경험했습니다.

처음 아무것도 모르고 매듭에 입문하면서부터 밧줄놀이를 보급하게 된 지금까지 아직도 부족한 것이 많아 배우고 또 배우면서 트리클라이밍, 슬랙라인 등 밧줄놀이와 관련 있는 다양한 분야도 함께 알게 되었습니다.

밧줄의 매력에 빠져 공부하다 보니 비록 밧줄놀이 책이 독일 책이고 밧줄과 관련된 많은 레포츠가 서구에서 더 많이 발달해 있지만 '밧줄' 자체는 우리의 것이기도 하다는 것을 알게 되었습니다. 인류가 정착 생활을 시작하던 신석기 문명의 유적이 발견되는 지구 곳곳에서 밧줄을 사용한 다양한 생활 도구를 발견할 수 있습니다.

또한 더 앞서 밧줄 모양이 생겨난 발자취를 찾아 거슬러 올라가면 태아가 모체와 연결된 탯줄을 만나게 됩니다. 탯줄 모양을 모방한 우리나라의 새끼줄과 탄생을 알리는 금줄이 밧줄놀이와 무관하지만은 않은 것이지요. 그래서 그런지 아이들은 모두 한결같이 밧줄과 밧줄놀이를 좋아합니다.

비록 레포츠와 생활체육에서는 멀어졌지만 동양매듭에서는 아직도 밧줄로 이어진 역사의 흔적을 찾을 수 있습니다. 섬세한 소근육을 이용한 전통매듭은 지구촌 최고의 기술을 자랑합니다.

놀이문화 속 우리 선조들이 사용하던 밧줄은 남사당패의 줄타기에 보존되어 있고, 새로운 레포츠 문화에도 영향을 미치고 있답니다.

이렇듯 밧줄놀이는 우리가 만날 수밖에 없었던 우리 문화의 일부분이었고, 밧줄놀이에 사용되는 매듭 또한 그러하다는 것을 알게 되었습니다.

비단 숲유치원, 숲학교 활동에서만 밧줄놀이의 효과가 입증된 것이 아니라 청소년교육, 사회운동, 교원연수, 기업연수, 공동체성이

필요한 많은 분야에서 밧줄놀이가 큰 역할을 하는 것을 체험합니다.

몸을 움직이며 자신의 몸과 친숙해지고 함께 어울리는 건전한 놀이문화에 밧줄놀이가 얼마나 크게 기여하는지도 확인하게 되었습니다.

말로만 듣던 심리운동(Psychomotorik) 기능의 조화로운 발달이 이렇게 쉬운 놀이로 촉진된다는 것이 참 신기합니다.

밧줄놀이를 보급하면서 반성하게 된 것들 중 또 하나는 그동안 숲생태교육을 한다면서 아이들에게 또 다른 지식을 주입하거나 놀이를 강요하지 않았나 하는 것입니다.

아이들과 청소년들이 스스로 놀 수 있게 기다려 주고 간섭하지 말자고 다짐을 해 봅니다. 그럴 때 밧줄이 그들과 저의 관계를 말로 하지 않아도 형성해 줍니다. 사람과 사람을 이어 주는 밧줄의 상징성을 마음으로 이해하니 말이 필요하지 않다는 것을 느낍니다.

밧줄놀이는 또 밧줄이 가지고 있는 가치와 형태의 유연성으로 모든 사람에게 자신에게 맞는 '길'과 스스로의 '모습'을 알게 하는 힘을 지니고 있습니다.

세상 빛을 처음 보는 탄생의 순간부터 탯줄과 분리되는 자아는 한평생 자신을 찾는 여정을 떠나는 인생을 살게 됩니다. 그때 밧줄의 상징성은 그 길 위에서 우리와 함께합니다.

여러분도 밧줄로 하는 숲밧줄놀이의 매력에 빠져 보세요. 아무것도 아닌 것 같은 매듭의 세계는 생존을 연장시켜 주는 기술로 중요한 역할을 하고, 그 매듭들로 만들어지는 밧줄놀이터는 자연에서 '움직이며 이동하는 놀이터' 라는 장점을 가지며 즐거움을 추구하는 인간의 본능적 욕구를 충족시켜 줍니다.

밧줄을 이용한 신체놀이는 신개념 레크리에이션이라고나 할까요? 이 분야는 독일 밧줄놀이 강사들도 모르는 많은 응용놀이가 개발되어 한국에서 독일로 전수되어야 할 시점까지 왔답니다.

성인이 되어 밝은 대낮에 실외에서 이렇게 마음껏 웃으며 놀아 본 기억이 거의 없는 것 같습니다.

이처럼 밧줄놀이는 이런저런 교육학적, 심리운동적 가치들을 논하지 않아도 충분히 그 필요성과 가치가 즐거운 놀이 속에서 입증됩니다.

자연에서 놀며 자연스럽게 자연과 친숙해지는 놀이. 이것이 바로 앞으로 우리 환경교육, 생태교육이 지향해야 할 바가 아닌가 합니다.

  우리나라의 더 많은 아이와 어른이 밧줄로 서로 연결되어 환하게 웃으며 서로가 연결되어 있음을 알고 건강한 사회를 이루는 연결매듭들을 만들어 나갔으면 좋겠습니다.

  밧줄놀이 2권이 여러분에게 그러한 즐거움을 선사할 수 있기를 바랍니다.

(사)한국숲밧줄놀이연구회

수잔 강성희

차례

밧줄놀이 2를 내며 _ 5

매듭법 _ 14
  클로브 히치 _ 16
  하네스 루프 _ 18
  피셔맨스 매듭(장구매듭) _ 20
  토트라인 히치 _ 22
  이중 오버핸드 매듭(이중 옭매듭) _ 24
  스퀘어 매듭(맞매듭) _ 26

밧줄타기 _ 28
  정글짐 _ 31
  공중 거미집 _ 34
  바닥 거미줄 _ 37
  X자 등반길 _ 40
  밧줄 사다리 _ 43
  다람쥐 삼각형 _ 46

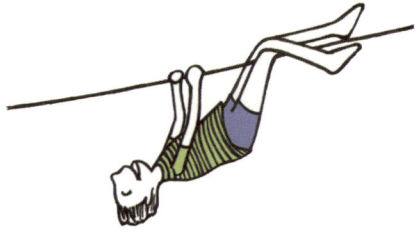

밧줄 동산 _ 49
밧줄 암벽 _ 52
밧줄 그물 암벽 _ 56
막대 줄사다리 _ 60

미끄럼타고 뜀뛰고 중심잡기 _ 66

재주넘기 _ 69
숲 케이블카(짚라인) _ 71
밧줄 유람선 _ 78
슬랙라인 _ 82
가로 걸린 사다리 _ 88
흔들길 _ 91
정글길 _ 94
밧줄 위 랑데부 _ 97
숲 트램펄린 _ 100
밧줄 널뛰기 _ 104
인디언길 _ 107
흔들리는 곰 _ 112

해먹, 천 그네, 천막 _ 116

해먹 _ 119
천 그네 _ 123
비가림 천막(타프) _ 126

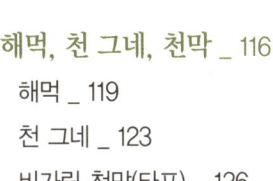

밧줄로 하는 놀이 1 _ 130

밧줄 동그라미 _ 133
밧줄 잡고 일어서, 앉아! _ 134
흔들 푸딩 _ 136
회전목마 _ 138
동그라미 줄다리기 _ 140
밧줄로 모양 만들기 _ 142
밧줄 해님 _ 144
해님 타기 _ 146
해님의 춤 _ 148
밧줄 해님 만다라 _ 150
밧줄 꽃 _ 152
밧줄 아이 _ 154
밧줄놀이 모음 _ 156

밧줄로 하는 놀이 2 _ 160

숲 속 밧줄 미로 _ 163
숲 속 거미줄 _ 165
탐험여행 _ 168
숲 속 생일파티 _ 170
숲 속 잔치 _ 172
숲에서 여는 학부모와의 만남 _ 175

밧줄로 하는 놀이 3 _ 178

밧줄로 생태 고리 풀기 _ 180

뽐내기 밧줄 무대놀이 _ 182
민달팽이 놀이 _ 184
거미줄 따라 _ 186
밧줄 잡고 팽팽 _ 188
폴짝 밧줄 _ 190
밧줄 꽃이 피었습니다 _ 192
둘이 살짝 징검다리 _ 194
그물을 넓혀라 _ 196

부록

밧줄놀이 1권 목차 _ 198
찾아보기 (1/2권 통합) _ 201
용어설명: 숲밧줄놀이에 필요한 장비 _ 204

매듭법

클로브 히치

🌞 매듭의 특징
로프를 감아서 물건을 고정할 때 사용하는 방법이다. 간단한 구조로 묶거나 풀기가 쉽다.

🌞 응용 가능한 분야
등산이나 암벽 등반, 요트 등에서 다양하게 쓰인다. 몇 가지 매는 법이 있어 상황에 맞춰 사용할 수 있다.

🌞 매듭법
울타리를 세울 때나 뗏목을 만들 때 주로 사용하는 매듭이다. 예로부터 소와 가축의 목줄을 나무에 묶어 놓을 때 많이 사용하였다고 한다.

1. 나무에 밧줄을 한 번 감고 한 번 더 감을 때 짧은 줄이 긴 줄과 교차되게 한다.

2. 두 번째 감을 때 짧은 줄과 긴 줄이 교차되면서 생긴 공간으로 짧은 줄을 빼낸다.

3. 두 줄을 양쪽으로 당겨 조이면서 매듭을 완성한다.

4. 이 매듭법은 양쪽에서 잡아당겨 조이면 풀기 어렵다는 단점이 있으나 매듭이 간편하고 단단하다는 장점이 있다.

하네스 루프

☀ 매듭의 특징
로프 중간에 고리를 만들기 위한 매듭이다. 로프 한 가닥에 고리 여러 개를 만들 수도 있다. 매거나 풀기는 쉽지만 강도가 낮다. 세게 힘을 주면 매듭이 흐트러져 고리가 크게 되어 버린다.

☀ 응용 가능한 분야
지레매듭 대신 사용할 수 있다. 나무 사다리를 연결할 때 사용한다.

☀ 매듭법
밧줄 중간에 고리를 만들기 위한 매듭이다.

1. 사진과 같이 원을 만든다.

2. 원 중간에 가로지른 줄 밑으로 손을 집어넣어 원의 윗부분 줄을 잡아 뺀다.

3. 모양이 흐트러지지 않도록 주의하면서 잡아 뺀다.

4. 밧줄을 양쪽으로 당겨 조여 주면서 매듭을 완성한다.

피셔맨스 매듭(장구 매듭)

☀ 매듭의 특성
로프 끝 가닥에 각각 오버핸드 매듭을 해 로프를 이을 때 사용하는 매듭이다.

☀ 응용 가능한 분야
로프 두 줄을 잇거나 한 가닥 로프의 양 끝 가닥을 연결해 고리 모양으로 만들 때 이용한다.

☀ 매듭법
두 줄을 잇거나 한 줄의 양 끝을 연결해 원을 만들 때 사용한다.

1. 밧줄의 끝과 끝을 엇갈리게 놓는다.

2. 아래 밧줄 끝 가닥에 위 밧줄 끝 가닥을 휘감아 옭매듭을 한다.

3. 아래 로프도 동일한 방법으로 옭매듭을 한다.

4. 양쪽으로 동일하게 힘주어 잡아당겨 매듭을 조인다.

토트라인 히치

☀ 매듭의 특징
로프를 느슨하게 하거나 팽팽하게 조정할 수 있는 간단한 매듭법이다. 설치한 후 느슨해진 줄을 쉽게 팽팽히 당길 수 있다.

☀ 응용 가능한 분야
주로 텐트나 타프의 당김줄을 팽팽하게 맬 때 이용한다. 빨랫줄을 맬 때도 요긴하게 사용된다.

☀ 매듭법
나무에 오를 때, 느슨하면 위치 이동이 가능하고 팽팽하면 단단히 고정되는 매듭의 특성 때문에 아웃도어 활동에서 많이 사용된다.

1. 나무에 한 번 감고 나무에서 조금 떨어져 한매듭을 한다.

2. 처음 한 한매듭에서 간격을 두고 두 번째 한매듭을 하듯 안쪽으로 두 번 감는다.

3. 감은 줄을 바깥쪽으로 빼 맨 앞으로 가지고 와 한매듭을 한다.

4. 나무에 바짝 조이면 사진과 같이 되면서 줄이 느슨해진다. 긴 줄을 잡아 늘여 주면 매듭이 움직이면서 줄을 팽팽하게 할 수 있다.

이중 오버핸드 매듭(이중 옭매듭)

☀ 매듭의 특징
가장 간단하고 기본적인 매듭 중 하나로 끝매듭(고)을 만들 때 사용한다. 쉽게 맬 수 있지만 조이면 잘 풀리지 않는다. 일명 '옭매듭'이라고 한다. 감는 횟수를 늘리면 더 큰 고를 만들 수 있다.

☀ 응용 가능한 분야
가장 간단하고 기본적인 매듭 중 하나로 고를 만들 때 사용한다.

☀ 매듭법
감는 횟수에 따라 고의 크기를 다르게 할 수 있다.

1. 기본 옭매듭을 한다.

2. 끝 가닥을 여러 번 더 감아 준다.

3. 양쪽으로 잡아당겨 조여 주면 고가 완성된다.

스퀘어 매듭(맞매듭)

☀ 매듭의 특징
로프 한 가닥의 끝과 끝을 매듭지어 물건을 묶을 때 사용한다. 가장 많이 쓰이는 매듭법으로, 쉽게 묶을 수 있고 강도도 높다. 로프 두 줄을 이을 때는 풀릴 위험이 있기 때문에 사용하지 않는다.

☀ 응용 가능한 분야
물건을 묶을 때 주로 사용한다.

☀ 매듭법
밧줄 끝과 끝을 매듭지어 물건을 묶을 때 사용한다. 응급법에는 삼각건 묶기라는 이름으로 사용되고 있다. 두 줄을 이을 때는 풀릴 위험이 있기 때문에 사용하지 않는다.

1. 밧줄 끝 가닥을 교차하여 한 번 꼰다.

2. 처음 교차할 때 위에 올렸던 줄이 두 번째 교차할 때도 위에 오게 해서 매듭지어 준다.

3. 사슬 엮인 듯한 완성 매듭의 모양을 기억해 두어야 한다.

밧줄타기

아이들은 자신들의 능숙한 솜씨를 증명할 수 있는 기회를 좋아하기 때문에, 이런 밧줄 길 기어오르기는 아주 어린아이 때부터 큰 매력이 된다. 기어오를 때는 지구력과 몸의 긴장, 균형감각 유지가 필요하기 때문에 온힘을 다 발휘하게 될 때가 많다. 뿐만 아니라 손과 발의 협응도 기어오를 때에 커다란 역할을 한다.

Schaukelfee & klettermax

정글짐

준비물

위 밧줄 :　　　　밧줄(길이 12m/ Ø12mm) 2개
아래 밧줄 :　　　밧줄(길이 12m/ Ø12mm) 2개
세로 고정줄 :　　밧줄(길이 3m/ Ø8mm) 8-10개

매듭

위 밧줄 :　　　　보울라인 또는 꼰매듭
아래 밧줄 :　　　보울라인 또는 꼰매듭, 밧줄 당겨 묶기 기술
세로 고정줄 :　　걸매듭 / 옭매듭

소요 시간

15-20분

설치

밧줄타기 구조물 설치에는 약 2m 간격을 두고 삼각형, 사각형 또는 오각형을 이루고 서 있는 나무 3-5그루가 적당하다. 나무 3그루 사이의 밧줄타기 구조물은 다음과 같이 설치된다.

☀ 아래 밧줄

첫 번째 긴 밧줄은 보울라인이나 꼰매듭으로 고리를 만들어 숲 바닥에서 50cm 높이에 있는 첫 번째 나무기둥에 묶는다. 이제 밧줄 당겨 묶기 기술로 삼각형이나 사각형 또는 오각형으로 나무들에 줄을 걸어 당겨 조인다. 항상 먼저 안쪽에서 시작해 바깥쪽으로, 그리고 먼저 맨 밧줄 위로 돌려 매는 편이 밧줄 마찰을 줄일 수 있다는 사실에 유의하자.

🌞 위 밧줄

두 번째 긴 밧줄을 아래 밧줄과 평행하게 고정시킨다. 높이는 나무들 사이마다 다르게 할 수 있다.

🌞 세로 고정줄

짧은 밧줄의 중간 부분을 걸매듭으로 긴 밧줄에 엮고, 그다음에 이리저리로 아래 밧줄에 걸매듭으로 팽팽하게 묶고 각각 옭매듭으로 마무리한다.

🌞 도움말

위의 지탱 밧줄의 장력을 좀 더 키우려면 밧줄과 엇비슷한 높이의 나뭇가지에 걸치든가 아니면 설치할 때 밧줄 발걸이를 만들어 딛고 올라가서 설치하면 보탬이 된다. 아래 밧줄과 위 밧줄 사이의 간격은 아이들의 키에 맞춘다.

아이들 스스로 걸매듭을 할 수 있다면 짧은 밧줄을 아래 밧줄에 묶고 옭매듭으로 고정시키는 일을 아이들에게 맡겨도 좋다. 그런 다음 아이들의 안전을 보장하기 위해서 아이들이 기어오르기를 시작하기 전에 그 매듭들을 한 번 더 살핀다.

공중 거미집

준비물

거미줄 테두리 지탱 밧줄 : 밧줄(길이 20m / Ø12mm) 2개

가로 고정줄 :　　　　　　밧줄(길이 3m / Ø8mm) 10-14개

매듭

테두리 지탱 밧줄 :　　　보울라인과 끈매듭

　　　　　　　　　　　　밧줄 당겨 묶기 기술

가로 고정줄 :　　　　　걸매듭 / 옭매듭

소요 시간

15-20분

설치

공중 거미집 설치에는 별로 두껍지 않고 꽤 가까이 서 있는 나무 4-6 그루가 적합하다.

☀ 테두리 지탱줄

　20m짜리 밧줄 하나 또는 둘로 숲 바닥에서 약 1.3m 높이에 있는 나무기둥에 감아 묶는다. 그러면서 밧줄을 가운데로도 교차시켜 구조물을 탄탄하게 만든다. 밧줄은 우선 첫째 나무에 보울라인으로 묶은 다음 밧줄 당겨 묶기 기술로 다른 나무들과 연결하여 당겨 조인다.

☀ 가로 고정줄

　이어서 얇은 밧줄 중간을 걸매듭으로 두꺼운 밧줄에 묶고 지탱 밧줄을 연결해 나가면서 튼튼한 거미줄을 만들도록 한다. 쉽게 올

라갈 수 있도록 거미집 한쪽 나무 두 그루 사이에 50-60cm 높이에 밧줄을 묶어 딛고 올라갈 수 있게 한다.

☀ 변형

두꺼운 지탱 밧줄은 비스듬하게 엮거나 하면서 다양한 모양이 되게 할 수 있다. 이렇게 하면 재미와 난이도를 더 높일 수 있다.

☀ 도움말

아이들은 마음껏 거미집에서 뛰어 놀아도 되고 기어올라도 되며 편하게 누워서 쉬어도 된다.

☀ 놀이 아이디어

거미와 파리: 아이 하나가 파리 역할을 하고, 다른 아이 하나가 거미 노릇을 한다. 거미는 이제 파리를 잡아야 한다. 서로 쉽게 잡을 수 없도록 규칙을 만든 후 시작한다. 행동이 매우 민첩한 아이는 가장자리에서 테두리 밧줄을 한 바퀴 감아 돌아 거미집을 빠져나갈 수 있다. 몸의 유연성과 힘이 좋은 아이라면 거미집 아래에 매달려 기어갈 수 있는지 도전해 볼 수 있다.

☀ 변형 '공중그네 그물'

거미줄을 1.5m 높이 이상, 또는 경사가 심하게 만든다.

바닥 거미줄

밧줄타기 37

준비물

테두리 지탱줄 :   보조 밧줄(길이 20-30m / Ø3mm)

가로 보조줄 :   보조 밧줄(길이 3m / Ø3mm) 4-6개

작은 종 서너 개

매듭

테두리 지탱줄 :   보울라인이나 끈매듭

밧줄 당겨 묶기 기술

가로 보조줄 :   걸매듭 / 옭매듭

소요 시간

10-15분

설치

바닥의 거미줄 설치에는 꽤 가까이 서 있는 나무 4-5그루가 적합하다.

☀ 그물의 테두리

약 20m 되는 긴 보조 밧줄로 나무기둥 4-5그루의 약 15-20cm 높이에 당겨 조여서 그물의 테두리를 만든다. 보조 밧줄은 가운데로도 여러 차례 가로질러 당겨 줘야 한다. 짧은 보조 밧줄들은 이리 저리 테두리 지탱 밧줄 사이를 엮어 조여서 거미줄을 만든다.

☀ 도움말

이 밧줄 그물 설치에서는 매듭이 아이들의 무게를 견뎌야 할 필요가 없기 때문에 별다른 위험이 없다. 따라서 아이들도 얼마든지

도울 수 있다. 일정하게 수평으로 나란히 매지 않고 변화를 주어도 좋다. 그러면 놀이의 난이도가 높아진다.

놀이 아이디어

아이 하나가 거미 역할을 맡는다. 거미는 바깥에서 어떤 아이가 뜀뛰기 하며 놀다가 거미줄을 건드리는지 관찰한다. 추가로 자그마한 종이나 방울들을 그물에 매단다. 거미는 그 소리의 도움으로 누가 거미줄을 건드리는지 살피기 쉽고, 또 그만큼 재미도 커진다.

X자 등반길

준비물

손잡이 밧줄 :　　밧줄(길이 12m / Ø12mm) 1개

발디딤 밧줄 :　　밧줄(길이 20m / Ø12mm) 1개

매듭

손잡이 밧줄 :　　보울라인과 옭매듭 / 밧줄 당겨 묶기 기술

발디딤 밧줄 :　　꼰매듭 / 밧줄 당겨 묶기 기술

소요 시간

5-10분

설치

이 놀이기구 설치에는 적어도 지름 40cm 이상 두껍고 약 4m 간격으로 서 있는 나무 두 그루가 적합하다.

손잡이 밧줄과 발디딤 밧줄

　20m짜리 밧줄을 꼰매듭으로 첫 번째 나무기둥 약 1.6m 높이에 고정시키고 숲 바닥과 평행을 이루게 두 번째 나무에 연결하여 당겨 조인다. 여기서 다시 첫 번째 나무기둥의 20-30cm 높이의 지점으로 비스듬하게 연결한 다음, 밧줄 당겨 묶기 기술로 당겨 조인다. 그다음에 밧줄을 숲 바닥과 수평을 이루도록 같은 높이로 두 번째 나무에 맨 뒤 당겨 조여서 고정시킨다.

발디딤 밧줄

　12m 길이의 밧줄을 보울라인과 옭매듭으로 두 번째 나무에 고정

하는데, 밧줄 높이는 숲 바닥에서 1.6m 정도로 한다. 이제 이 밧줄을 첫 번째 나무기둥 20-30cm 높이에 비스듬하게 연결하여 감고 밧줄 당겨 묶기 기술로 당겨 조인다. 이 밧줄이 바로 'X자 등반길'의 두 번째 밧줄이다.

놀이 아이디어

이 놀이기구 위에서는 아이 두 명이 동시에 양쪽 끝에서 출발하여 가운데에서 서로 자리를 바꾸어 끝까지 갈 수 있다. 또 그냥 편하게 앉아서 둘이서 함께 놀고 흔들거나 높이 서서 넓은 시야에 들어오는 경치를 즐길 수도 있다.

밧줄 사다리

준비물

디딤줄 :　　　밧줄(길이 3m/ Ø8mm) 6-10개

매듭

디딤줄 :　　　꼰매듭

　　　　　　　밧줄 당겨 묶기 기술

소요 시간

5-10분

설치

나무 밧줄사다리 설치에는 간격이 약 40-60cm 되고 별로 두껍지 않은 나무 두 그루가 적합하다.

☀ 디딤줄

첫 번째 디딤줄을 바닥에서 약 30cm 높이에 꼰매듭으로 고정하고 밧줄 당겨 묶기 기술로 다른 나무에 단단하게 고정시키면서 설치를 시작한다. 다른 디딤줄도 똑같은 방식으로 당겨 조인다.

☀ 도움말

디딤줄 간격은 아이들의 크기에 맞춘다. 디딤줄 수도 아이들 나이에 맞게 정한다.

4살짜리 아이들은 디딤줄 약 4개, 6살짜리 아이들은 디딤줄 5-7개를 오를 수 있다. 아이들에게 자신감이 있고, 몸 움직임이 숙련되어 있다면 한쪽에서 기어오르고 난 다음 맨 위에서 건너가 다른 쪽으로 내려올 수도 있다.

　아래쪽 밧줄들은 아이들도 함께 묶을 수 있다. 위쪽 밧줄들은 잡고 끌어당길 수 있거나 아예 올라설 수 있는 가지가 있으면 살려서 쓴다. 현기증이 나지 않을 정도여야 하고, 아울러 매듭의 안전성이 담보되어야 한다.

다람쥐 삼각형

준비물
테두리 지탱 밧줄 : 밧줄(길이 20m / Ø12mm) 1개
　　　　　　　　　밧줄(길이 12m / Ø12mm) 1개
디딤줄 :　　　　　밧줄(길이 3m / Ø8mm) 8-10개

매듭
테두리 지탱 밧줄 : 꼰매듭 / 밧줄 당겨 묶기 기술
디딤줄 :　　　　　걸매듭 / 옭매듭

설치
이 비스듬한 밧줄 등산길을 설치하려면 약 3-4m 간격으로 삼각형을 이루고 서 있는 나무 3그루가 적합하다.

☀ 테두리 지탱 밧줄

　20m 긴 밧줄을 꼰매듭으로 삼각형의 꼭짓점에 해당하는 나무기둥의 5-10cm 높이에 묶는다. 이제 다른 두 그루의 나무기둥에 1.8-2m 높이로 연결하여 밧줄 당겨 묶기 기술로 고정시키는데, 먼저 나무기둥 안쪽에서 시작해서 바깥쪽으로 간다. 그다음에 다시 밧줄을 아래의 첫 번째 나무에 연결하여 거기서 밧줄 당겨 묶기 기술로 고정시킨다. 12m짜리 밧줄을 두 겹으로 놓고 걸매듭으로 삼각형 꼭짓점에 있는 나무기둥에 묶는다. 이제 이 밧줄의 양 끝을 위의 두 나무 사이에 수평으로 당겨 조인 기본 지탱 밧줄에 당겨 걸매듭으로 묶는다. 밧줄이 아직 남은 경우 걸매듭으로 테두리 바깥에 고정시켜도 된다.

디딤줄

짧은 밧줄들은 이제 걸매듭으로 당겨 조인 지탱 밧줄에 중간을 엮어 묶는다. 삼각형 아래쪽 밧줄들은 두 겹으로 엮어도 된다. 그러면 기어오를 때 더 안정적이고 빠르다.

도움말

비스듬한 삼각형의 경사는 아이들 키에 따라 정한다. 다섯 명 이상이 한꺼번에 오를 경우 서로 방해가 되기 때문에, 너무 많은 아이들이 한꺼번에 기어오르는 것은 삼가는 게 좋다.

놀이 아이디어

아이들은 위에 도착해서 재주넘기로 놀이기구를 떠날 수 있다. 여기엔 어른의 도움이 필요하다.

밧줄 동산

준비물

테두리 지탱 밧줄 : 밧줄(길이 12m / Ø12mm) 4개

디딤줄 : 밧줄(길이 3m / Ø8mm) 8-10개

매듭

테두리 : 보울라인 / 밧줄 당겨 묶기 기술

디딤줄 : 걸매듭 / 옭매듭

소요 시간

20-25분

설치

밧줄 삼각형 두 개로 구성되는 밧줄 동산을 설치하는 데는 약 2-3m 간격으로 마름모꼴로 서 있는 나무 4그루가 적합하다.

☀ 테두리 지탱 밧줄

밧줄 삼각형 꼭짓점에 있는 나무기둥 10-20cm 높이에 먼저 긴 밧줄 두 개를 각각 보울라인으로 묶는다. 이제 이 두 밧줄을 각각 왼쪽과 오른쪽으로 나란히 나머지 두 그루 나무의 1.8-2m 높이에 연결하고 밧줄 당겨 묶기 기술로 당겨 조인다.

여기서 두 밧줄을 이제 남은, 즉 뒤의 꼭짓점을 이루는 나무기둥 10-20cm 높이에 걸고 밧줄 당겨 묶기 기술로 조여 묶는다.

세 번째의 긴 밧줄은 가운데의 나무 두 그루를 연결해 마름모꼴 가운데를 나누어 삼각형 두 개가 생기도록 하는데, 1.8-2m 높이로 연결하여 당겨 조인다. 밧줄을 보울라인으로 고정시킨 다음 남은

밧줄을 다른 나무로 연결하여 여러 차례 감은 다음 다시 첫 번째 나무로 이어서 거기서 다시 밧줄 당겨 묶기 기술로 당겨 묶는다.

네 번째 긴 밧줄은 세 번째 밧줄 중간에 걸매듭으로 엮은 다음 앞쪽의 나무로 갔다가 다시 뒤쪽 나무 아래로 연결하여 당겨 조인다. 밧줄 끝은 각각 10-20cm 높이에 밧줄 당겨 묶기 기술로 단단히 조여 묶는다.

디딤줄

짧은 밧줄들은 이제 걸매듭으로 중간의 긴 밧줄에 묶는다. 이어서 오른쪽 왼쪽으로 밖의 테두리 지탱 밧줄에 걸매듭으로 당겨 묶는다.

도움말

밧줄 동산 위에서의 활동 가능성은 매우 다양하다. 아이들은 재주넘기로 굴러 아래로 내려가는 것을 좋아한다. 서로 방해가 될 수 있으므로 너무 많은 아이들이 한꺼번에 기어오르지 않게 한다.

밧줄 장력이 느슨해지거나 디딤줄 간격이 너무 커지면 상황에 따라 짧은 밧줄을 더 엮어 넣을 수도 있다. 장력은 또 밧줄 동산의 테두리를 바깥쪽으로 당겨 조이는 게 좋다.

안전상 어린아이들이 밧줄 동산 아래에서 노는 일이 없도록 주의해야 한다.

밧줄 암벽

준비물

가로 지탱줄 :   밧줄(길이 5-12m/ Ø12mm) 4개

세로 고정줄 :   밧줄(길이 3m/ Ø8mm) 8-10개

매듭

가로 지탱줄 :   보울라인이나 꼰매듭

　　　　　　　밧줄 당겨 묶기 기술

세로 고정줄 :   걸매듭/옭매듭

소요 시간

15-20분

설치

밧줄 암벽을 설치하는 데에는 최대 3m 간격을 두고 나란히 서 있는 나무 3그루가 적합하다.

☼ 가로 지탱줄

설치 작업은 첫 번째와 두 번째 밧줄을 나무 세 그루 사이에 단단히 당겨 조이면서 시작한다. 밧줄마다 첫 번째 나무에 맬 때 보울라인으로 묶는다. 밧줄을 계속 이어 가 당기기 위해 두 번째 나무기둥에 감아 돌려 당긴다. 그런 다음 다시 당긴 밧줄 위쪽으로 나무기둥을 다시 한 번 감아 돌린다. 다시 세 번째 나무로 연결한 다음 밧줄 당겨 묶기 기술로 고정한다.

세 번째 층을 이룰 밧줄을 맬 때에는 머리 위 높이에 고정시킬 수 있도록 각 나무의 제일 아래에 매어 둔 밧줄에 올라서서 일하는 게

편하다. 네 번째 층을 이루는 밧줄을 맬 때에는 두 번째 층의 밧줄에 올라서거나 아니면 나무 사다리에 디딤대를 만들어도 좋다.

네 번째 밧줄을 고정시킬 때는 항상 임시 안전띠를 쓰는 것이 좋다.

☀ 세로 고정줄

짧은 밧줄들은 걸매듭으로 두 번째 지탱줄에 묶고 그다음 위로 푸르지크 매듭으로 엮어 옭매듭으로 고정시킨다. 아래로는 걸매듭으로 엮는데, 제일 아래의 밧줄에 푸르지크 매듭과 옭매듭으로 고정시킨다. 이때 밧줄들을 너무 세게 당겨 조이지 말아야 한다. 그랬다가는 밧줄 암벽이 오그라들어서 더 이상 원하는 높이를 얻지 못하고 말기 때문이다.

☀ 도움말

가로 지탱줄 간격은 아이들 키에 따라 결정한다. 이 설치물은 줄을 걸어 당겨 매거나 또는 사람이 지탱하거나 딛고 올라설 수 있는 가지가 있는 나무가 있다면 만들기가 한결 더 쉽다. 현기증이 없어야만 매듭도 완벽해지는 법이다.

☀ 놀이 아이디어

아이들이 한쪽에서 기어오른 다음 맨 위에서 다른 쪽으로 건너가 내려온다. 담력 시험으로 1m 정도 높이에서 뛰어내리기에 도전해 봐도 좋다.

☀ 변형: 등반 탑

삼각형으로 서 있는 나무 세 그루에 밧줄 암벽과 똑같은 방식을 적용한다. 이를 위해서는 12m 긴 밧줄 4개와 짧은 밧줄 10-15개가 필요하다. 설치 시간으로 적어도 20분은 계산해야 한다.

밧줄 그물 암벽

준비물

테두리 지탱줄 :	밧줄(길이 15m/ Ø12mm) 1개
가로 그물 :	밧줄(길이 4m/ Ø8mm) 3-4개
세로 그물 :	밧줄(길이 3m/ Ø8mm) 6-10개
나무에 고정하기 :	밧줄(길이 4m/ Ø8mm) 2개
대안 장비 :	슬링과 잠금 카라비너

매듭

테두리 지탱줄 :	8자 고리매듭
그물 :	걸매듭, 푸르지크 매듭 / 옭매듭
나무에 고정하기 :	걸매듭 / 8자 매듭
	밧줄 당겨 묶기 기술

소요 시간

일단 그물을 먼저 엮어 놓아야 하는데 약 40분이 걸린다. 다음에 쓸 때에는 그저 나무 2그루 사이의 원하는 자리에 걸고 당겨 조이기만 하면 된다.

설치

밧줄 그물 암벽 설치에는 4m 간격을 두고 곧게 서 있는 나무 2그루가 적합하다.

☼ 테두리

테두리는 긴 밧줄로 만드는데, U자를 옆으로 뉘어 놓은 모습이다. 밧줄을 첫 나무기둥 약 2m 높이에 밧줄 당겨 묶기 기술로 고정시킨다. 이제 두 번째 나무로 가서 같은 높이에 연결하는데, 우선 줄에 8자 매듭으로 고리를 만든다. 이 고리를 두 번째 나무기둥에 길이 4m짜리 밧줄로 8자 매듭 또는 밧줄 고리나 카라비너를 써서 당겨 고정시킨다.

이제 밧줄을 최대한 낮게 아래로 당겨서 위에 매는 방법과 똑같이 나무의 하단에 고정시킨다. 그다음 밧줄은 첫 번째 나무에 같은 높이로 당겨 밧줄 당겨 묶기 기술로 고정시킨다. 이제 테두리가 완성되었다.

그물

우선 6m짜리 밧줄 3-4개를 위아래로 나란히 푸르지크 매듭으로 두 번째 나무에 있는 세로 바깥 테두리에 묶고 각각 옭매듭으로 마무리한다. 그다음 밧줄들은 반대편에 있는 나무로 연결하여 밧줄 당겨 묶기 기술로 고정시킨다. 이제 3m짜리 밧줄들로 푸르지크 매듭으로 그물처럼 테두리 위에서 아래로 엮는다. 처음과 끝으로는 항상 푸르지크 매듭을 한 다음에 옭매듭 한 번으로 마무리한다.

 **도움말**

사용된 밧줄이 두꺼우면 두꺼울수록 밧줄 그물 암벽은 튼튼하다. 든든한 밧줄 암벽이 지닌 장점은 한 번만 만들어 놓으면 그다음부터는 숲의 날에 가서 나무에 그저 걸고 펼친 다음 당겨 조이기만 하면 된다는 점이다. 이를 위해 한 번은 시간 투자가 필요한데, 그 뒤로 많은 시간을 절약할 수 있기 때문에 그만한 가치가 있다.

고리를 걸기 위해서는 잠금 카라비너와 슬링 또는 밧줄 고리를 사용해도 된다.

 **놀이 아이디어**

활발한 아이들은 한쪽에서 기어 올라간 다음 다른 쪽으로 넘어가서 다시 기어 내려와도 좋다.

막대 줄사다리

준비물

사다리 :   밧줄(길이 6-8m / Ø8mm) 2개
디딤 막대 :   나무막대(길이 40cm / Ø3cm) 8-10개
고정 :   슬링과 카라비너, 8자 매듭

매듭

사다리 :   지레 매듭

소요 시간

10-15분

설치

사다리를 걸기 위해서는 옆으로 단단하게 뻗은 가지가 손에 닿을 수 있는 높이에 있는 나무가 적합하다. 우선 두 개의 밧줄 한 쪽 끝을 합쳐 8자 고리 매듭을 만든다.

디딤 막대로 쓸 나무 막대들을 밧줄에 묶기 위해 밧줄은 바닥에 나란히 펼쳐 놓는다. 제일 아래의 나무는 푸르지크 매듭으로 단단히 묶고 옭매듭을 해 준다. 그 위로 간격이 일정하게 각기 두 개의 밧줄에 나란하게 지레 매듭을 만들며 그 매듭에 나무 막대를 끼워 넣고 고정시킨다.

완성된 사다리는 슬링과 카라비너를 이용해 옆으로 뻗은 단단한 나뭇가지에 건다.

☀ 변형: 고리 사다리

고리 사다리는 긴 밧줄에 20cm 간격으로 8자 고리 매듭을 매어 사용한다. 발이 충분히 들어가도록 고리를 크게 만들어야 한다.

고리 사다리의 장점은 무게가 가볍고 다른 준비물이 필요 없다는 점이다. 하지만 고리 부분에 발을 집어 넣으며 사다리를 오르는 일은 나무 사다리를 오를 때보다 더 많은 연습을 필요로 하고 훨씬 힘들다. 게다가 자기 체중을 제대로 지탱할 줄 알아야만 한다.

변형: 매듭 사다리

매듭 사다리는 비슷한 간격으로 밧줄에 막매듭(오버헤드 또는

European death knot라고도 함) 3개를 위 아래로 만들어 사용하는 것이다.

이를 위해 쓰이는 밧줄로는 지름 20cm 이상의 삼밧줄 같은 천연 밧줄이 좋은데, 그 이유는 미끄럽지 않아 잡기 편하기 때문이다.

도움말

나뭇가지 사다리의 나무 막대 양 끝에 밧줄이 걸리기 편하게 홈을 파두면 사다리의 안정성이 높아진다. 이런 다양한 종류의 사다리들로 아이들은 특별한 활동을 경험할 수 있다. 무엇보다 자기 몸의 무게를 지탱하며 사다리를 오르려면 용기와 힘이 필요하다. 안전을 위해 어른 한 사람이 사다리 근처에 있으면서 살펴야만 한다. 또 필요할 때에는 사다리를 잡아 주거나 아이의 요청에 따라 도움을 줄 수도 있다.

카라비너와 슬링 또는 밧줄 고리를 이용해서 나무 아래쪽이나 혹은 쓰러져 있는 큰 나무에 사다리 아랫부분을

팽팽히 고정시켜 주면 사다리에 오르기가 훨씬 수월하다.

☀ 고정시킬 때 변형방법

사다리를 걸칠 만한 적당한 나뭇가지가 없을 때에는 두 개의 나무를 골라 적당한 높이에서 밧줄로 연결하여 당겨 조여서 지탱 밧줄로 삼을 수 있다.

이때 나무에 매듭으로 당겨 조이기에 앞서 8자 고리매듭을 묶고, 그 고리에 잠금 카라비너를 써서 사다리를 건다.

미끄럼타고
뜀뛰고 중심잡기

숲에서, 그중에서도 특히 밧줄 케이블카에서 타는 미끄럼은
아이들 모두에게 특별한 즐거움을 선사한다.
숲 텀블링에서 함께 뜀뛰기를 하는 아이들 얼굴은
운동의 즐거움과 삶의 기쁨으로 빛난다.
당겨 조인 밧줄이나 슬랙라인에서 떨어지지 않고
균형을 잡는 매력은 스스로 제 몸의 무게중심을 잡는 재미이다.

Schaukelfee & klettermax

재주넘기

준비물

지탱 밧줄 :   밧줄(길이 5-12m / Ø12mm) 1개

매듭

지탱 밧줄 :   꼰매듭, 밧줄 당겨 묶기 기술

소요 시간

3분

설치

밧줄놀이 기구들 가운데 가장 쉬운 이 놀이를 하기 위해서는 간격이 적어도 1.5m 정도는 되는 나무 두 그루가 좋다. 밧줄은 꼰매듭으로 아이들 배 높이의 나무기둥에 고정시킨다. 이제 밧줄을 숲 바닥과 수평이 되도록 하여 밧줄 당겨 묶기 기술로 당겨 조인다. 필요할 경우 밧줄을 다시 당겨 장력을 회복시켜야 한다.

☀ 놀이 아이디어

아주 어린 아이들도 할 수 있는 놀이: 아이들은 밧줄 위로 재주넘기를 하거나 물구나무서듯 거꾸로 매달리기를 좋아한다. 원하는 사람은 손으로 바닥을 만져도 되고 아니면 더 나아가 뒤로 재주넘기를 시도해도 된다.

숲 케이블카(집라인)

미끄럼타고 뜀뛰고 중심잡기

준비물

숲 케이블카 :　스태틱 로프(길이 30m / Ø12mm) 1개

　　　　　　　이중 밧줄도르래 1개

　　　　　　　카라비너 3개

　　　　　　　잠금 카라비너 1개 / 슬링 또는 밧줄 고리 1개

　　　　　　　밧줄(길이 3m / Ø4-6mm) 2개

　　　　　　　밧줄 고리(길이 50cm / Ø4mm) 1개

밧줄 그네 :　　소방 호스(길이 50cm) 1개

매듭

숲 케이블카 :　보울라인과 옭매듭(브레이크용)

　　　　　　　가르다 히치 / 한매듭

　　　　　　　클렘하이스트

소요 시간

15-20분

설치

숲 케이블카는 평평한 곳에서 스태틱 로프를 튼튼한 나무에 걸고, 다른 쪽은 다른 나무 낮은 쪽에 걸어 경사가 생기도록 당겨 조인 다음, 그 밧줄로 미끄럼을 타는 것이다. 숲 케이블카 설치를 위해서는 약 3m 정도 높이에 튼튼한 가지가 있는 나무가 좋다. 적어도 15-20m 정도의 거리에 다시 나무 한 그루가 있고 그 사이에는 장애물이 없어야 한다.

- 시작할 때 먼저 바닥에 위험한 물건이 없는지 확인부터 한다.
- 그다음에 30m 길이의 밧줄에 카라비너로 밧줄도르래와 밧줄 그네

를 연결한다. 이 밧줄 그네에는 추가로 4-5m 길이의 밧줄 하나를 걸매듭으로 매다는데, 아래로 타고 내려간 케이블카를 나중에 도로 위로 끌어올릴 때 쓸 밧줄이다.

- 20m 길이 보조 밧줄(Ø3mm)에 작은 모래주머니를 매단다. 그런 다음 두 갈래로 뻗은 튼튼한 가지 위로 넘겨서 떨어뜨린다. 보조 밧줄의 다른 끝에는 두꺼운 밧줄이 묶여 있는데, 조심스럽게 보조 밧줄을 당겨서 다른 쪽으로 두꺼운 밧줄이 넘어오게 한다. 두꺼운 밧줄을 키 높이까지 당겨 나무기둥에 묶는다. 이때 밧줄은 되도록 나무기둥 가까이에 붙어 있어야 한다.

- 밧줄 장력을 최대화하도록 당겨 조이기 위해 가르다 히치를 사용한다. 이를 위해 나무기둥의 키 높이에 슬링이나 밧줄 고리를 걸매듭으로 건다.

- 카라비너 두 개를 슬링에 건다. 카라비너의 열림 장치는 앞쪽에 있게 한다.

- 위에서 오는 밧줄을 왼쪽에서 오른쪽 방향으로 카라비너 두 개 모두 끼우고 오른쪽 카라비너에만 한 번 더 돌려 걸어 준다(그림 참조).

- 그다음에 밧줄의 다른 쪽 끝을 가지고 두 번째 나무로 가서 보울라인과 옭매듭으로 안전하게 묶어 고정시킨다. 하지만 고정하기 전에 나무기둥에서 1.5m 정도 떨어진 밧줄 부분에 보울라인으로 커다란 밧줄 고리를 만들어 놓는다. 나중에 브레이크 장치로 쓰일 고리다. 보울라인 위쪽에는 안전 매듭

인 옭매듭으로 마무리한다.
- 이 고리는 이제 기다란 나무 막대를 써서 원하는 높이까지 밀어 올린다. 도르래를 멈추게 할 수 있는 이 브레이크를 설치해 두는 것은 중요하다.
- 이제 다시 첫 번째 나무에서 가르다 히치로 밧줄을 당겨 조이고 장력을 유지하게 한다. 자기 몸의 무게와 힘만으로는 더 이상 팽팽하게 당길 수 없다면 클렘하이스트를 쓴다.
- 밧줄 고리는 클렘하이스트를 이용하여 위에서 오는 밧줄, 곧 당겨 조여야 할 밧줄 둘레에 감는다. 이 고리는 하중이 가해지면 아래로 당겨 조여지고, 하중이 없어지면 쉽게 밧줄 위로 자리를 옮길 수 있다.

- 카라비너 하나는 당겨 조일 때 밧줄 마찰이 생기지 않도록 밧줄 고리와 당겨 조여야 할 밧줄 사이에 건다.
- 당겨 조이기 위해서 이제 케이블카의 밧줄을 아래쪽의 가르다 히치로부터 끌어와 카라비너에 건다. 힘을 줄여 주는 장치 덕에 별로 힘 들이지 않고 아래로 당겨서 장력을 매우 크게 조일 수 있다. 가르다 히치 매듭에 당겨 조인 밧줄은 단단히 고정된다.
- 가르다 히치 바로 위에 한매듭을 세 번 매는 마무리 고정을 하기에 앞서서 밧줄은 반드시 클렘하이스트 카라비너에서 풀어야 한다(

☀ 변형: 튼튼하게 가로로 뻗은 가지가 없는 나무

튼튼하게 가로로 뻗은 가지가 없는 나무일 경우 슬링과 잠금 카라비너로 매끈한 나무에 '인공 가지'를 만들 수 있다. 원하는 높이에 닿기 위해서는 나무에 단단한 나무 사다리를 설치한다. 아니면 밧줄 발걸이와 임시 안전띠로 기어오를 수도 있다. 슬링은 원하는 높이에 걸매듭으로 나무에 걸고 단단하게 당겨 조인다. 이때 높이가 줄어드는 일이 없도록 고리는 되도록 짧게 한다. 이 고리에 잠금 카라비너를 끼우고 잠근다. 밧줄 케이블카의 밧줄을 이제 카라비너에 걸고 숲 바닥 아래로 당겨 조인다. 이제 가까운 곳에 있는 튼튼한 나무를 찾아 그 기둥에 매서 밧줄을 당겨 조인 다음에 위에서 설명한 대로 단계별로 밧줄 케이블을 설치한다.

도움말

- 밧줄 장력은 시간이 지나면 느슨해지기 때문에 다시 추가로 당겨 조여야 한다.
- 도르래를 타면서 손으로 도르래나 밧줄에 손을 대면 안 되고 잡을 때에는 밧줄 그네 부분만 잡아야 한다.
- 밧줄 그네의 소방 호스와 도르래의 간격은 충분히 길게 해서 손가락이 끼는 일이 없도록 해야 한다.
- 아이들이 풀어진 스카프나 긴 머리카락을 날리며 타지 않도록 주의해야 한다. 자칫하면 그런 것들이 도르래에 닿아 끼일 수

있기 때문이다.
- 처음 아이가 타기 전에 어른이 먼저 밧줄 도르래를 시험해 봐야 한다.
- 숲 케이블카를 타려면 매듭으로 만든 밧줄 그네에 앉은 아이를 위로 끌어올리기 위해 아이 여러 명이 힘을 모아야 하기 때문에 아주 멋진 협동 놀이가 된다. "하나, 둘, 셋!" 하는 소리에 맞춰 아이들이 모두 밧줄을 놓아주면 앉은 아이는 밧줄 케이블카에 실려 내려간다.

놀이 아이디어

끌어올리기와 미끄럼타기

가장 낮은 곳에서 아이 하나가 밧줄 그네에 앉고 다른 아이들이 위로 세게 잡아당겨 끌어올린 다음에 "하나, 둘, 셋!"을 세고 놓아주면 아래로 내려간다. 이때 얼마나 높은 곳까지 갈지는 그네에 탄 아이가 정하게 한다.

날기

배를 대고 엎드린 자세로 케이블카 줄 절반 정도까지 끌어올려 두 다리가 더 이상 바닥에 닿지 않게 한다. 이제 두 번째 아이가 그 아이 다리를 잡고 허공으로 앞으로 뒤로 흔들어 준다. 배를 대고 누워 날아가는 것은 아이들에게 엄청난 재미를 주며, 그것만으로도 작은 용기 시험이 되는 아이들도 많다. 이때 몸을 긴장시켜 자세를 유지하는 게 필요하다.

밧줄 유람선

78 숲유치원과 숲학교를 위한 밧줄놀이 2

준비물

밧줄 유람선 : 　스태틱 로프(길이 20m / Ø12mm) 1개

　　　　　　　스태틱 로프(길이 12m / Ø12mm) 1개

　　　　　　　이중 도르래 1개

　　　　　　　잠금 카라비너 1개

밧줄 그네 : 　　소방 호스(50cm 길이) 1개

매듭

밧줄 유람선 : 　보울라인과 8자 고리매듭

　　　　　　　밧줄 당겨 묶기 기술

소요 시간

10분

설치

밧줄 유람선을 설치하는 데는 최대 간격 5-6m 떨어진 나무 두 그루가 좋다. 첫째 밧줄은 보울라인으로 약 2m 높이 나무기둥에 매어 고정시킨다.

이제 밧줄을 숲 바닥과 수평을 이루도록 밧줄 당겨 묶기 기술로 당겨 조인다. 원하는 높이에 설치하려면 밧줄 발걸이 하나를 만들어 딛고 올라서면 좋다. 밧줄에 밧줄 도르래를 끼고 카라비너를 연결하여 여기에 밧줄 그네를 건다. 당김줄로 쓸 두 번째 밧줄은 가운데 부분에 8자 고리매듭을 만든다. 이 고리를 밧줄 그네가 걸린 카라비너에 함께 건다. 그런 다음 카라비너 잠

금장치가 제대로 잠겼는지 확인한다.

☀ 놀이 아이디어

밧줄 유람선은 숲에서 생일파티를 벌일 때 특히 잘 어울린다. 이때 생일을 맞은 아이는 맨 먼저 밧줄 그네에 탈 수 있다. 밧줄 그네가 더 있다면 나란히 카라비너에 함께 매달 수도 있다.

함께 매달 때에는 한쪽 그네는 아이 가슴 높이에, 다른 밧줄 그네는 넓적다리가 닿을 정도로 한다. 아이들은 유람선이 가는 길을 사이에 두고 양쪽으로 두 편으로 나뉘어서 밧줄 그네에 탄 아이들을 '상상의 뱃길'로 데려가도록 해야 한다. 바다 한가운데에는 작은 섬이 하나 있는데, 그 섬에는 보물 상자나 마법의 자루가 있다.

생일은 맞은 친구는 두 손으로 그 보물을 잡아 올려서 무사히 바닷가로 가져와야 한다. 그러려면 다른 아이들 모두 줄을 단단히 잡고 서로 협조가 잘 이루어져야 한다.

다른 변형 놀이로는, 가볍게 경사진 지형에 숲의 밧줄 유람선과 똑같은 원리로 밧줄을 맨다. 아이는 이때 밧줄 그네를 배에 걸고 언덕 위로 올라가는데, 위에 도착하고 나면 혼자서 다시 아래로 미끄러져 내려간다. 아래쪽 밧줄이 당겨 매인 곳 옆의 바닥에는 작은 자루 하나가 놓여 있는데, 아이는 이 자루를 낚아채야 한다. 무슨 일이 있어도 지켜야 하는 일이 있는데, 아이가 두 번째 나무 앞에서 반드시 멈추게 하는 것이다.

🌞 도움말

원하는 높이에 튼튼한 가지를 가진 나무가 있어 밧줄을 거기에 걸고 아래로 내려 작업하기 쉬운 높이의 나무기둥에 매고 당겨 묶으면 일이 한결 더 수월해진다. 필요할 경우 밧줄을 다시 당겨 묶어서 장력을 회복시켜 준다.

슬랙라인

준비물

슬랙라인-세트 :	슬링 또는 밧줄고리 2개
	슬랙라인 벨트(길이 15m / Ø50mm)
	라쳇(화물바를 조이는 장치)
위 밧줄 :	밧줄(길이 20m / Ø12mm) 1개
	잠금 카라비너 1개
손잡이 밧줄 :	밧줄(길이 3m / Ø8mm) 8–10개

매듭

슬랙라인 :	라쳇으로 당겨 조이기
위 밧줄 :	보울라인, 옭매듭, 밧줄 당겨 묶기 기술
손잡이 밧줄 :	걸매듭

소요 시간

10분

설치

슬랙라인 설치에는 지름 30cm 정도에 5–10m 간격으로 서 있는 나무 두 그루가 적합하다. 손잡이 밧줄을 되도록 쉽게 밀어 올릴 수 있도록 매끄러운 외피를 가지고 있는 나무가 좋다.

☀ 슬랙라인 설치

첫 번째 슬링을 원하는 높이에 껍질이 매끈한 첫 번째 나무기둥에 다는데, 양쪽 고리 끝의 길이가 똑같이 되게 한다. 이 고리에 카라비너를 써서 슬랙라인을 건다. 이제 슬랙라인을 두 번째 나무로 연결하는데, 벨트가 꼬이지 않게 한다.

　두 번째 나무에 두 번째 슬링을 둘러매고 라쳇 손잡이를 아래로 하여 카라비너에 건다. 이제 라쳇을 다시 위로 돌린다. 슬랙라인은 위에서 라쳇의 틈새에 꿰어서 사전 장력이 충분히 생길 때까지 첫 번째 나무 쪽으로 잡아당긴다. 이제부터는 라쳇으로 원하는 장력이 생길 만큼 계속해서 단단히 당겨 조인다.

　라쳇을 당겨 조이는 지레 손잡이는 놀이기구를 사용하기에 앞서 두 번째 나무 방향으로 납작한 상태로 접어 내려서 다칠 위험이 없게 해야 한다.

　장력이 생기게 당겨 조이고 나면 라쳇은 자동으로 돌아가 아래를 향함으로써 매끄러운 금속표면이 위를 향하게 된다.

슬랙라인 철거

슬랙라인을 풀 때에는 라쳇을 다시 위로 돌려서 잠금장치 지레를 풀고 조심스럽게 두 번째 나무 방향으로 넘긴다. 이때 장력이 갑작스럽게 풀리고(손가락 조심!), 그 후에 띠를 라쳇에서 빼낼 수 있다. 라쳇은 거의 다 풀렸는데 슬랙라인이 아직도 끼어 있다면, 슬랙라인에 압력을 가하면 도움이 될 때가 많다. 예를 들어 한쪽 다리로 밟아 누르는 것이다.

손잡이 밧줄

20m 길이의 밧줄을 첫 번째 나무에 보울라인으로 고정시켜 약 2m 높이로 밀어 올린다. 더 높이 올리려면 밧줄 발걸이를 만든다거나 이미 당겨 조인 슬랙라인 위에 올라서면 된다. 이제 밧줄을 가지고 두 번째 나무로 가서 돌려 감고 나무에서 앞으로 1.5m 떨어진 곳에서 8자 고리매듭을 밧줄에 묶는다.

이 고리에 우선 잠금 카라비너와 그 안에 당겨 조여야 하는 밧줄을 건다. 긴 밧줄을 위로 올려 당겨 조이기에 앞서 3m 길이의 밧줄 여러 개를 중간에 걸매듭을 하여 40cm 간격으로 긴 밧줄에 매어 둔다. 밧줄을 나무 막대로 최대한 높이 올려서 가까이 있는 세 번째 나무에 고정한 다음 밧줄 당겨 묶기 기술로 키 높이에 당겨 조인다.

도움말

손잡이 밧줄은 슬랙라인에 선 상태에서는 손이 닿지 않는 높이에 당겨 조이는 것이 원칙이다. 슬랙라인에서는 위험 요소가 전혀 없는 푹신한 바닥이 중요하다. 라쳇은 매트나 카펫 조각 같은 것으로 덮어 다칠 우려가 없게 예방해야 한다.

변형

슬랙라인 위치가 아주 낮게 만들어질 경우 가운데쯤에 나무 말뚝이나 받침대를 고정해 라인을 받쳐 주면 좋다. 이렇게 변형하면 밧줄 위로 걸어가기가 한결 쉽기 때문에 슬랙라인 위쪽 손잡이 밧줄을 맬 필요가 없다. 그러나 넘어지거나 떨어질 때 받쳐 놓은 말뚝이나 나무 받침대 때문에 사고 위험이 더 커지니 조심해야 한다.

놀이 아이디어

손잡이 밧줄을 키 높이 위로 슬랙라인과 평행하게 당겨 조여 놓으면, 아이들이 안전하게 붙잡을 수 있다. 밧줄이 없으면 아이들이 서로 도와야 하는데, 여기에는 협동심이 요구된다. 아이가 균형을 잡고 한 발짝 한 발짝 한쪽에서 다른 쪽으로 가면서 한 손으로는 손잡이 밧줄을 붙잡는데, 다른 한 손에는 떨어뜨리면 안 되는 물건을 들게 한다.

제법 나이가 든 아이들을 위한 놀이 아이디어

두 아이가 오른쪽 왼쪽에서 동시에 슬랙라인을 타고 걸어오기 시작한다. 중간 지점에서 서로 자리를 바꾼다.

가로 걸린 사다리

준비물

가로 걸린 사다리 : 1-2m짜리 슬링 1개

라쳇 자동바 35mm 2개

밧줄(길이 12m / Ø12mm) 2개

잠금 카라비너 2개

디딤 막대 : 튼튼한 나무 막대(길이 40cm / Ø5cm) 6-8개

매듭

가로 걸린 사다리 : 라쳇으로 당겨 조이기

걸매듭, 8자 매듭

푸르지크 매듭 / 옭매듭

소요 시간

30분

설치

가로 걸린 사다리 설치에는 지름 50cm 두께에 5-10m 간격을 두고 서 있는 나무 두 그루가 적합하다. 작은 웅덩이 위에 매도 좋다.

가로 걸린 사다리 설치

1-2m짜리 슬링을 원하는 높이에 다는데, 양쪽 고리 길이가 똑같게 한다. 고리를 한 번 더 감아 주는 편이 나무 보호에 더 좋다. 양쪽 고리에 카라비너 두 개를 걸고, 그다음에 이 카라비너에 양쪽 밧줄 끝에 매어 놓은 8자 매듭 고리를 끼운다. 같은 간격으로 푸르지크 매듭을 하여 디딤 막대를 밧줄에 매단다. 끝으로 밧줄 양 끝에 이중

8자 매듭 고리를 만든다. 이 각각의 고리에 라쳇 하나씩을 고정시킨다. 밴드 슬링을 두 번째 나무에 둘러 감고 각 끝에 라쳇을 하나씩 건다. 끝으로 장력이 충분할 정도로 밧줄을 단단히 당겨 조인다.

가로로 걸린 사다리를 당겨 조일 때에는 라쳇이 똑같은 정도로 장력을 받게 당겨지도록 한다. 라쳇을 당겨 조이는 지레는 놀이기구를 사용하기에 앞서 두 번째 나무 방향으로 접어서 다칠 위험이 없게 해야 한다.

흔들길

준비물

발디딤 밧줄 :   밧줄(길이20m / Ø12mm) 1개

위의 지탱 밧줄 : 밧줄(길이 20m / Ø12mm) 1개

보조 밧줄 :   밧줄(길이 3m / Ø8mm) 8-10개

매듭

발디딤 밧줄 :   보울라인 또는 꼰매듭

                     밧줄 당겨 묶기 기술

위 밧줄 :   보울라인 또는 꼰매듭

                     밧줄 당겨 묶기 기술

손잡이 보조 밧줄 : 걸매듭

소요 시간

15-20분

설치

아이들을 위한 흔들길 설치에는 한 줄로 나란히 가까이 서 있는 나무 5-6그루가 적합하다.

🌀 발디딤 밧줄

발디딤 밧줄은 보울라인으로 첫 번째 나무에 고정시킨다. 밧줄을 여러 나무의 40-50cm 높이에 밧줄 당겨 묶기 기술로 숲 바닥과 나란하게 맨다. 나무마다 밧줄을 한 번은 오른쪽으로, 한 번은 왼쪽으로 감아 당기고 그다음에 한 번 더 위쪽에 감아 매어 조인다. 이렇게 해야 장력이 더 세고 또 더 오래 유지된다.

☀ 위의 지탱 밧줄

먼저 위의 밧줄을 보울라인으로 나무에 맨 다음 2-2.5m 높이로 밀어 올린다. 이어서 손잡이 보조 밧줄은 50-100cm 간격으로 꿰어 매다는데, 수직으로 위에서 아래로 드리우게 한다.

그다음에 위쪽 밧줄은 8자 고리매듭을 이용해 당겨 조인 다음 밧줄 당겨 묶기 기술로 고정한다. 좀 더 쉽게 설치하려면 이미 매어 당겨 조여 놓은 발디딤 밧줄 위에 올라서고 안전띠로 안전을 확보한다.

☀ 변형: 삼각형 흔들길

이 흔들길은 삼각형을 이루고 서 있는 나무 3그루가 있을 경우 이들을 연결해 삼각형으로 당겨 조여도 재미있다. 어린 아이들일수록 이 방법이 더 쉽다.

☀ 놀이 아이디어

흔들길은 그룹을 위한 협동 놀이로도 그만이다. 아이들은 발이 땅에 닿지 않게 하면서 균형을 잡아 가며 처음부터 끝까지 나아가야 한다. 특별 과제로 아이들에게 숟가락으로 나무 달걀이나 풍선 또는 주변 자연에서 구할 수 있는 물건을 운반하게 할 수도 있다. 생일 파티와 같은 날에는 밧줄 끝에 모두를 위한 보물 상자를 묶어 놓아도 좋다. 눈을 감거나 한쪽 팔만 움직여 끝에 도착하는 것도 제법 어려운 일이다. 여름에는 맨발로 밧줄 위에 올라가 중심을 잡아도 된다. 흔들길이나 인디언길 또는 밧줄 다리는 여러 번 설치하게 될 경우 새로운 놀이로 자극을 주거나 난이도를 높이는 편이 바람직하다.

정글길

94 숲유치원과 숲학교를 위한 밧줄놀이 2

준비물

발디딤 밧줄 :　　밧줄(다이내믹, 길이 12m / Ø12mm) 1개

손잡이 밧줄 :　　스태틱 로프(길이 12m / Ø12mm) 1개

세로 보조줄 :　　밧줄(길이 3m / Ø8mm) 4–6개

매듭

발디딤 밧줄/손잡이 밧줄 : 보울라인 또는 꼰매듭
　　　　　　　　　　　밧줄 당겨 묶기 기술

세로 보조줄 :　　걸매듭/ 옭매듭

소요 시간

15–20분

설치

정글길 설치에는 간격이 적어도 4m는 되는 나무 두 그루가 적합하다.

☀ 발디딤 밧줄

이 밧줄은 숲의 땅바닥에서 50–80cm 높이에 꼰매듭으로 맨다. 밧줄 당겨 묶기 기술을 써서 두 번째 나무에 당겨 조인다.

☀ 손잡이 밧줄

이 밧줄은 보울라인 또는 꼰매듭으로 나무에 묶어 고정한다. 숲 바닥과 평행하게 1.6–1.8m 높이에서 밧줄 당겨 묶기 기술로 두 번째 나무에 당겨 조인다.

☀ 세로 보조줄

짧은 이 밧줄은 가운데를 반으로 접어서 걸매듭으로 아래 밧줄에 엮는다. 위의 밧줄에 단단히 묶으려면 다시 걸매듭을 쓴다. 그런 다음 옭매듭으로 마무리한다.

☀ 도움말

정글길 설치에는 연습이 약간 필요하다. '정글'을 가로질러 가려면 힘이 많이 들고, 몸의 긴장을 통한 중심잡기도 필요하다.

밧줄 위 랑데부

준비물

아래 밧줄 :　　　밧줄(길이 12m / Ø12mm) 1개

대각 지름줄 :　　밧줄(길이 12m / Ø12mm) 2개

매듭

아래 밧줄 :　　　보울라인 또는 꼰 매듭

　　　　　　　　밧줄 당겨 감기 기술

대각 보조줄 :　　보울라인 또는 꼰 매듭

　　　　　　　　밧줄 당겨 감기 기술

소요시간

5-10분

설치

이 놀이기구 설치를 위해서는 약 4m 간격을 두고 나란히 서 있는 나무 두 그루가 좋다.

☀ 아래 밧줄

아래쪽 밧줄은 보울라인 또는 꼰매듭으로 나무에 고정한다. 다른 나무 40-50cm 높이에 밧줄을 걸어 숲 바닥과 수평으로 당겨 묶는다. 밧줄 당겨 묶기 기술로 여러 차례 이쪽 또 저쪽으로 감아 당겨 묶는다.

☀ 대각 보조줄

밧줄 하나를 보울라인 또는 꼰매듭으로 첫 번째 나무 1.8m 지점

에 묶는다. 이제 밧줄을 맞은편 나무의 대각선 아래쪽 30cm 높이에 감아 당겨 묶기 기술로 조인다. 두 번째 밧줄은 두 번째 나무 1.8m 지점에 묶어 맨 다음 다시 첫째 나무 30cm 높이에 묶어서 먼저 맨 밧줄과 교차하도록 한다.

🌞 놀이 아이디어

이 놀이기구는 아이 둘이서 놀기에 좋은 놀이다. 아이 하나는 오른쪽에서 출발하고, 다른 아이는 왼쪽에서 출발해 가운데에서 서로 자리를 바꾼다. 그리고 떨어지지 말고 다른 쪽 끝에 다다른다.

숲 트램펄린

준비물

발디딤 밧줄 :   밧줄(다이내믹, 길이 20m / Ø12mm) 1개

손잡이 밧줄 :   밧줄(길이 12m / Ø12mm) 2개

세로 보조줄 :   밧줄(길이 3m / Ø8mm) 2개

매듭

발디딤 밧줄 :   보울라인 또는 꼰 매듭

　　　　　　　밧줄 당겨 감기 기술

손잡이 밧줄 :   보울라인 또는 꼰 매듭

　　　　　　　밧줄 당겨 감기 기술

세로 보조줄 :   푸르지크 매듭 / 옭매듭

소요시간

15-20분

설치

숲 트램펄린을 설치하는 데에는 정사각형을 이루며 2-3m 간격을 두고 나란히 서 있는 나무 4그루가 적당하다.

☀ 발디딤 밧줄

이 디딤 밧줄은 보울라인이나 꼰매듭으로 첫째 나무에 묶는다. 이제 밧줄은 맞은편 나무로 가서 감아 그 옆에 있는 나무로 간 다음에 다시 건너편 나무로 보내 밧줄이 가운데에서 교차하도록 한다. 이때 밧줄은 바닥에서 60-80cm 높이로 바닥과 수평을 이루게 하며, 묶을 때는 밧줄 당겨 묶기 기술을 쓴다. 이때 제대로 당겨 조여

서 장력이 충분하게 하는 일이 특히 중요하다. 디딤 밧줄이 신축성이 있어서 장력이 쉽게 느슨해질 수 있기 때문이다.

손잡이 밧줄

두 번째 밧줄은 십자 모양으로 발디딤 밧줄과 수평을 이루게 매는데, 높이는 트램펄린을 뛰는 아이들 어깨 높이가 되게 한다.

세로 보조줄

짧은 밧줄을 써서 발디딤 밧줄과 손잡이 밧줄을 함께 묶어주는데, 안정성을 키우기 위해서다. 이때 짧은 밧줄 가운데는 푸르지크 매듭으로 손잡이 밧줄에 묶고, 그다음 당긴 상태에서 다시 푸르지

크 매듭으로 발디딤 밧줄에 묶은 다음 옭매듭으로 마무리한다.

☀ 도움말

트램펄린을 함께 뛰는 파트너 몸무게가 서로 비슷하면 더 좋다. 뛸 때 위의 밧줄은 넘어지지 않도록 붙들어 중심을 잃지 않게 하는 데 쓰인다. 안정감을 키우고 발에 닿는 부위를 키워 주려면 따로 짧은 밧줄을 가지고 걸매듭을 써서 삼각형을 이룬 발디딤 밧줄 안에 매어 준다.

☀ 놀이 아이디어

커다란 삼각형 둘에 아이 두 명이 마주 서서 트램펄린 뛰듯 뜀을 뛴다. 둘이서, 셋이서 또는 넷이서 함께 뜀뛰기 하는 것도 무척 재미있다.

밧줄 널뛰기

준비물

발디딤 밧줄 :   밧줄(다이내믹, 길이 12m / Ø12mm) 1개

손잡이 밧줄 :   밧줄(길이 12m / Ø12mm) 1개

밧줄(길이 3m / Ø8mm) 1개

매듭

발디딤 밧줄 :   보울라인 또는 꼰 매듭

밧줄 당겨 묶기 기술

손잡이 밧줄 :   보울라인 또는 꼰 매듭

밧줄 당겨 묶기 기술

세로 보조줄 :   걸매듭 / 옭매듭

소요시간

5분

설치

밧줄 널뛰기 설치에는 4-5m 간격을 두고 나란히 서 있는 나무 두 그루가 어울린다.

☀ 발디딤 밧줄

이 디딤줄은 보울라인이나 꼰매듭으로 첫 번째 나무의 60-100cm 높이에 묶는다. 이제 바닥과 수평을 이루도록 두 번째 나무에 연결하고 밧줄 당겨 묶기 기술로 당겨 조인다. 장력이 충분하도록 당겨 조이는 게 중요한데, 줄에서 널뛰기를 하다 보면 신축성이 많이 요구되고, 그러면서 장력이 쉽게 느슨해지기 때문이다.

☀ 손잡이 밧줄

스태틱 로프는 디딤줄과 똑같은 방식으로 매지만, 높이 1.8-2m 지점에 매고 당겨 조인다.

이어서 3m 길이의 밧줄 가운데를 걸매듭으로 손잡이 밧줄에 매고 당기면서 디딤줄에 걸매듭으로 매고, 옭매듭으로 마무리한다.

☀ 도움말

밧줄 널뛰기는 둘이서 뛰면 더 재미있나. 두 아이가 번갈아 가며 높이 뛰어오르기를 하면 특히 재미가 더하다.

인디언길

미끄럼타고 뜀뛰고 중심잡기

준비물

발디딤 밧줄 :	밧줄(길이 20-30m / Ø12mm) 1개
위 밧줄 :	밧줄(길이 20-30m / Ø12mm) 1개
손잡이 밧줄 :	밧줄(길이 3m / Ø8mm) 8-10개
	밧줄(길이 12m / Ø12mm) 3개

매듭

발디딤 밧줄 :	보울라인 또는 꼰매듭
위 밧줄 :	보울라인 또는 꼰매듭
	밧줄 당겨 감기 기술
손잡이 밧줄 :	걸매듭 / 꼰매듭
	밧줄 당겨 감기 기술

소요시간

15-20분

설치

인디언길은 변형 방법이 특히 다양한 흔들길 놀이기구다. 나무들 사이에 당겨 조여 놓은 손잡이 밧줄을 다양하게 조절할 수 있기 때문이다. 이 놀이기구를 설치하는 데에는 가까이 줄지어 서 있는 나무 5-6그루가 어울린다.

☀ 아래 밧줄

이 긴 발디딤 밧줄은 보울라인이나 꼰매듭으로 나무에 묶어 고정한다. 밧줄을 아이들 크기에 따라 50-80cm 높이로 숲 바닥에 수평 또는 약간 비스듬하게 연결한 다음 밧줄 당겨 묶기 기술을 써서 당겨 조인다. 이때 나무들에 감을 때마다 추가로 한 번을 더 감아 줌으로써 장력을 키운다.

☀ 위 밧줄 – 제1차

맨 위의 밧줄은 아이들 손이 닿지 않도록 해야 하는데, 보울라인이나 꼰매듭으로 나무기둥에 맨 다음에 위로 밀어 올린다. 이때 당겨 조이기 전에 짧은 밧줄들을 걸매듭을 써서 50cm 간격으로 이 밧줄에 엮는다. 이제 1.6-1.8m 높이에서 아래 밧줄과 수평을 이루도록 밧줄 당겨 묶기 기술로 조여 맨다. 좀 더 편하게 설치하려면 이미 당겨 조인 아래 밧줄 위에 올라서거나 밧줄 발걸이를 1-2개 만들어 딛고 임시 안전띠로 안전성을 키울 수 있다. 나무들 사이에 장력이 충분히 유지될 수 있도록 나무기둥에 감아 묶을 때마다 한 번 더 감아 당겨 조이는 편이 좋다.

☀ 손잡이 밧줄 – 제2차

12m 길이의 밧줄을 발디딤 밧줄에서와 똑같은 매듭을 써서 나무들 사이에 매어 당겨 조인다. 60-70cm 지점에서 시작해서 밧줄을 대각선 방향으로 1.6m 높이의 위로 연결한다.

☀ 손잡이 밧줄 – 제3차

12m 길이의 밧줄 두 개를 대각선 방향으로 교차하여 손잡이 밧줄 노릇을 하게끔 당겨 묶는다.

☀️ 도움말

인디언길에서는 손잡이 밧줄 매는 방법을 아주 다양하게 바꿀 수 있다. 수평으로, 대각선으로 또는 대각 교차로 당겨 묶을 수 있다. 손잡이 밧줄을 매어 도움을 줄 때 놀이가 그리 어렵지 않게 해야 하겠지만, 그렇다고 또 너무 쉽게 해서도 안 된다. 밧줄을 건너는 일이 너무 쉽거나 지나치게 어려워지면 제대로 재미를 느끼기 힘들기 때문이다.

어느 한 부분에서는 슬랙라인을 발디딤 밧줄로 쓸 수 있는데, 이때 덤으로 얻을 수 있는 트램펄린 효과야말로 재미를 더해 준다. 손잡이 밧줄을 너무 팽팽하게 당겨 놓지 않거나 또는 다이내믹 밧줄로 발디딤 밧줄을 삼을 경우 놀이의 난이도가 커진다. 인디언길은 그룹을 짜서 함께 하는 협동놀이로도 좋다. 이때에는 무엇보다 함께 노는 친구들 모두의 의사소통과 공동작업이 중요하다.

주의: 손잡이 밧줄로 쓰는 밧줄이 느슨하게 매달려 있을 경우 흔들리는 상황에서 자칫 아이가 나무기둥 쪽으로 당겨지거나 쏠려 다칠 위험이 있다. 어른이 안전을 위해 나무에 붙어 서서 살피도록 계획을 짜야 한다. 아이들이 서로 손을 잡아 도움을 줄 경우라도 손가락을 마주 깍지 끼는 일은 없도록 주의를 줘야 한다. 자칫하면 손가락이 부러지는 위험이 있다.

☀️ 놀이 아이디어

놀이에 참석한 아이들은 하나같이 있는 힘을 다해 바닥에 닿지 않고 인디언길 끝까지 건너가려고 해야 한다.

어려움을 극복하는 힘을 키워 주는 법: 핸디캡(이를테면 눈 가리기, 한 팔만 쓰기, 나무 달걀 옮기기 등)을 포함시킨다. 여름에는 맨발로 인디언길을 디뎌도 좋다. 바닥에 몸이 닿은 아이는 처음부터 다시 시작하도록 한다.

흔들리는 곰

준비물

발디딤 밧줄 :   밧줄(길이 12m / Ø12mm) 2개

매듭

발디딤 밧줄 :   고정 매듭 또는 끈매듭

　　　　　　　밧줄 당겨 묶기 기술

소요 시간

5-10분

설치

흔들리는 곰 놀이를 위해서는 'V'자 모양을 이루고 서 있는 나무 3그루가 좋다.

☀ 발디딤 밧줄

밧줄 두 개 모두 보울라인으로 삼각형의 꼭짓점을 이루는 나무에 묶어 맨다. 밧줄을 40-60cm 높이로 바닥과 수평을 이루도록 양쪽 남은 나무 둘에 각각 매고 당겨 묶기 기술로 조인다. 조여 맨 밧줄은 이제 'V'자 모양이 된다.

☀ 도움말

밧줄 간격을 너무 넓게 매지 않아야 하지만, 그렇다고 또 너무 가깝게 해도 좋지 않다. 왜냐하면 밧줄 위로 걸어가는 일이 너무 쉽거나 아니면 너무 어려워지기 때문이다. 대략 1-1.5m 간격이 적당하다.

🔆 놀이 아이디어

'곰' 두 마리가 동시에 꼭짓점을 이루는 나무에서 줄에 오르는데, 아이들 둘이서 앞발, 그러니까 손을 마주 대고 한 걸음 한 걸음 바깥쪽으로 걸어간다. 얼마나 오래도록 이 곰 두 마리가 중심을 잃지 않고 갈 수 있을까?

🔆 안전지침

파트너에 대한 믿음이 필수다. 자기 몸의 무게를 동시에 서로에게 내맡겨야 하기 때문이다. 이때 생기는 압력은 몸을 지탱하는 데 필요한 반대 압력을 만들어 준다. 넘어질 때 손가락이 부러질 위험이 있으므로 손가락을 서로 깍지 끼는 일이 없어야 한다.

운동 신경이 좋고 활동적인 곰 두 마리가 밧줄 끝까지 거의 갈 때는 경우에 따라 어른이 두 아이의 한가운데로 들어가서 내려오는 그들의 상체를 받아 주면 아이들이 안전하게 내려올 수 있다.

놀이를 함께하는 파트너를 통한 추가적인 안전장치: 두 마리 곰 뒤쪽에는 저마다 함께 놀이를 하는 친구가 하나씩 서서, 곰이 혹시 넘어지면 뒤에서 받쳐 준다.

해먹, 천 그네, 천막

그네타기는 어른, 아이 할 것 없이 재미있어 하며 타는 사람 모두 하나같이 몸과 마음이 다 흔들린다. "나 좀 봐봐, 얼마나 높은가!" 이런 외침이나 그네 타며 태평하니 흥얼거리는 노래는 제 몸의 역량과 성취감을 나타낸다. 그네를 타면서 기운과 삶의 기쁨이 빛처럼 발산된다. 그네는 두 명, 세 명이 함께 탈 수도 있고, 아니면 가족 전체가 함께 탈 수도 있는데, 그러면서 특별한 공동체 경험이 이루어진다.

Schaukelfee & klettermax

해먹

해먹, 천 그네, 천막

준비물

매달 장치 :　밧줄(길이 3m / Ø8mm) 2-3개

　　　　　　해먹

매듭

매달 장치 :　걸매듭

　　　　　　8자 매듭

소요 시간

2분

설치

지름이 약 30cm 되고 간격이 3-4m 정도 떨어진 나무 두 그루를 찾는다. 해먹을 매달기 위해서는 3m 길이 밧줄 2개가 필요하다. 밧줄을 반으로 접어 나무의 원하는 높이에 걸매듭으로 건다. 매듭 고리를 나무 측면에 위치시키고 단단히 당긴다. 밧줄의 다른 쪽 끝을 해먹 고리에 꿰고 해먹 고리 위쪽에 8자 매듭을 한다.

☀ 도움말

해먹은 되도록 숲 놀이터 바깥쪽에 매달아 노는 아이들은 편하게 놀고, 쉬는 아이들은 조용히 쉴 수 있게 하는 것이 좋다.

커다란 해먹의 경우 아이 여러 명이 함께 어울리며 누워 있을 수도 있고 또 함께 놀 수도 있는 장점이 있다. 우리의 경우 숲에서는 나일론 파라슈트 해먹만 쓰는데, 그 이유는 아주 가볍고 또 아주 쉽게 건조시킬 수 있기 때문이다.

☀ 당겨 조인 밧줄에 해먹 매달기

나무 두 그루 사이의 간격이 4m 이상일 때에도 해먹을 걸 수 있다. 그럴 경우 수평으로 지탱 밧줄을 매서 당겨 조이고, 거기에다 푸르지크 매듭과 8자 매듭을 써서 해먹을 매단다. 무게를 받지 않을 경우 손쉽게 자리를 옮길 수 있기 때문에 큰 해먹이건 작은 해먹이건 다 매달 수 있다.

☀ 해먹 설치

담요, 천막용 천, 큰 보자기 등으로 직접 해먹을 쉽게 만들 수도 있다. 여기에 추가로 3m 길이의 밧줄 둘만 있으면 된다.

먼저 천막이나 담요의 양쪽 끝을 단단히 접어 조인 다음에 여기에 짧은 밧줄 하나로 푸르지크 매듭을 한다. 이 매듭은 정말 단단하게 조여 줘야 한다.

이어서 밧줄의 원하는 부분에 8자 매듭을 써서 매듭을 하나 만들어 준다. 앞에서 설명한 대로 걸매듭나 8자 매듭으로 나무 두 그루 사이나 아니면 당겨 조여 놓은 지탱 밧줄에 매달면 된다.

천 그네

준비물

매달아 고정하기 : 밧줄(길이 6m / Ø8mm) 4개

그네로 쓸 천 3 X 3m - 귀퉁이에 고리가 달린 것

잠금 카라비너 4개

매듭

매달아 고정할 때 : 걸매듭

8자 매듭

소요 시간

5분

설치

지름이 각각 40cm쯤 되는 나무 4그루가 4-6m 간격을 두고 사각형을 이루고 있으면 좋다. 매달아 고정하기 위해서는 6m 길이의 밧줄을 접은 다음 걸매듭으로 원하는 높이의 나무기둥에 매고 매듭을 고리 있는 방향인 옆으로 당겨 조인다. 이제 줄의 다른 쪽 끝을 천 그네 귀퉁이의 고리에 끼우고 8자 매듭을 한다.

대안으로 슬링(2m 길이)을 쓸 수 있는데, 잠금 카라비너를 써서 천 그네를 슬링에 매단다. 나머지 나무 3그루에 매달 때에도 방법은 똑같다.

☀ 도움말

이 커다란 천 그네가 갖는 장점이라면 아이 여러 명이 동시에 그 안에서 균형잡기, 매달리기, 구르기, 줄타기 등을 할 수 있다는 점이다. 그 안에서 행진처럼 발을 힘껏 내딛으며 걷는 것도 할 수 있

는데, 그럴 때 드는 기분은 '구름 위를 걷는 듯하다.'
 약간 기울어지게 맬 경우 갑자기 멋진 슈퍼 미끄럼틀로 변신한다. 신발은 반드시 벗어야 한다. 천의 재질은 잘 찢어지지 않고 또 닳지도 않는, 내구성이 아주 강한 재질이고, 사방 단을 박음질로 처리하였으며, 네 귀퉁이에는 매달 때 쓰도록 금속 재질의 고리를 달아 놓았다. 우리는 집에서 아이들을 위해 아이들 방 발코니에 천 그네를 걸어 주기도 한다.

비가림 천막(타프)

준비물

지탱 밧줄 : 보조 밧줄(길이 15m / Ø4-6mm) 1개
카라비너 1개

당겨 맬 밧줄 : 보조 밧줄(길이 8m / Ø3mm) 6-10개
필요할 경우 천막 고정팩

천막 : 4.5m X 4.5m 방수 타프(약 20인용)

매듭

지탱 밧줄 : 보울라인 / 트럭매법
밧줄 당겨 묶기 기술

당겨 맬 밧줄 : 제풀기 매듭

소요시간

10-15분

설치

모둠의 아이들이 편하게 둥그렇게 둘러앉을 만큼 되도록 크고 평평한 자리를 찾는다. 그 둘레에 나무들이 서 있어서 천막을 사방에 맬 수 있으면 좋다. 이제 겉 표면이 되도록 매끄러운 나무로 7-10m 간격을 두고 서 있는 나무 2그루를 고른다. 지탱 밧줄을 매기 위해서다. 이 지탱 밧줄은 비가림 천막의 지붕을 지탱할 것이며, 천막의 가운데를 걸어 평평하게 유지하도록 한다. 지탱 밧줄은 보울라인으로 한쪽 나무에 맨 다음 막대기를 써서 원하는 높이로 밀어 올린다. 그런 다음 당기기 전에 두 번째 나무에 느슨하게 매어 둔다.

두 번째 나무로부터 약 1.5m 떨어진 밧줄 부분에 이중 8자 고리매듭을 맨다. 그런 다음 카라비너를 그 고리에 매단다. 나무를 한 바퀴 돌아

온 밧줄을 그 카라비너에 걸고 다시 나무 쪽으로 당긴다. 당겨 조이기에 앞서 나무 막대 하나를 이용해 고리를 원하는 높이로 밀어 올린다. 카라비너에 걸린 밧줄을 작업하기 좋은 높이에서 나무기둥에 밧줄 당겨 묶기 기술로 맨다.

이때 지탱 밧줄은 빗물이 잘 흘러내리도록 약간 기울기가 있는 게 좋다. 그런 다음에는 타프의 가운데를 지탱 밧줄에 걸친다. 당겨 맬 밧줄로 천막 네 귀퉁이의 금속 고리 구멍과 연결하여 대각 방향으로 잘 당겨 맨다. 천막을 당겨 맬 때에도 당연히 나무들이 있으면 좋은데, 그렇지 않으면 바닥에 그루터기나 천막 고정팩을 박아서 고정한다. 이때 제풀기매듭을 쓰면 해체할 때 편하다.

 도움말

장마철에는 비가림 천막을 되도록 일찌감치 설치해 두면 숲에서 머무는 동안 여러 준비물과 배낭을 젖지 않게 그 안에 둘 수 있다.

언제든 빗물이 천막을 타고 쉽게 흘러내리도록 해 주어야 한다. 그렇지 않으면 천막 위에 물이 고인다. 비가 멈추면 천막은 되도록 곧바로 말리는데, 걸어서 말리는 게 가장 좋다. 이를테면 천막은 여름에 야외에서 모래놀이 상자 위 같은 곳에 쳐 주면 햇살을 막아 주는 차양으로도 쓸 수 있다. 그러나 이런 용도의 천은 방염 처리가 되지 않았기 때문에 불을 피우는 곳에서는 쓰지 말아야 한다.

바람이 심하게 불면 똑같은 방식으로 바람막이 벽을 설치할 수 있다. 바람이 불어오는 쪽의 천막은 바닥에 완전히 밀착하도록 설치한다. 한 번 사면 오래 쓰기 때문에 이 비가림 천막(타프)을 사 두는 것이 좋다.

☀ 숲의 동굴

자그마한 천(면적 2×3m)을 이용해 똑같은 방식으로 아이들 놀이를 위한 동굴을 만들 수도 있다.

밧줄로 하는 놀이 1

놀이란 사람들 저마다의 기본 욕구이며, 아이들에게 있어서는 발달과 성장에 더없이 중요한 요소이다. 아이들은 억지로 동기부여를 하지 않더라도 기꺼이 놀려고 한다. 밧줄로 놀다 보면 즐겁고, 기쁘고, 긴장감을 맛보는 한편 또 긴장이 해소되는 평안함도 느낄 수 있기 때문이다.

여기에서 소개하는 밧줄놀이들을 잘 응용하면, 모둠에서 서로를 소개할 때 분위기를 즉흥적으로 띄우기 위해 사용할 수도 있다. 물론 모둠의 크기와는 상관없이 그저 즐겁게 아이들이 밧줄을 가지고 함께 놀 수도 있다.

Schaukelfee **& klettermax**

밧줄 동그라미 놀이

밧줄로 만든 동그라미로 하는 놀이는 모두 10명 정도에서 최대 30명 정도가 함께 어울려 놀면 좋다. 이때 사용할 밧줄 길이는 모둠의 크기에 맞춘다.

밧줄 동그라미 준비를 위해서는 참가자들 모두 서로 바짝 붙어서 원을 그리며 서 있도록 한다. 그에 맞는 길이의 밧줄을 만들려면, 서 있는 아이들 뒤를 따라 밧줄을 동그랗게 놓고 연결 부분을 8자 연결매듭으로 잇는다. 이제 놀이를 시작할 수 있다.

밧줄 잡고 일어서, 앉아!

준비물

밧줄(길이 12m / Ø12mm) 1개

준비과정

아이들이 바짝 붙어서 서거나 앉으면, 거기 맞는 길이의 밧줄을 아이들 뒤에 가져다 놓는다. 양 끝은 8자 연결매듭으로 잇는다.

놀이 아이디어

아이들이 원으로 둘러앉아서 밧줄을 발 앞에 놓는다. 모두 밧줄을 꼭 붙잡고 힘껏 뒤로 당긴다. 밧줄의 장력이 충분할 정도가 되었으면 모두들 동시에 일어서고, 그런 다음에 도로 앉는다.

변형: 아이들 모두 밧줄 동그라미 안에 서고, 밧줄을 엉덩이 또는 무릎 뒤에 걸친다. 이제 모두들 동시에 뒤로 당기면서 두 손을 놓거나 허공에 둔다.

흔들 푸딩

준비물

밧줄(길이 12m / Ø12mm) 1개

준비과정

아이들이 바짝 붙어 서서 동그라미를 만든다. 적당한 크기의 밧줄을 아이들 뒤에 놓고 8자 연결매듭으로 양 끝을 잇는다.
아이들은 밧줄 동그라미 뒤에 서서 '홀수' 와 '짝수' 로 나눈다.

놀이 아이디어

아이들 모두 양손으로 밧줄을 붙잡고 있으면서 뒤로 몸을 기울여 밧줄을 당겨 밧줄에 장력이 생기도록 한다. 이때 두 발은 바닥에 붙여 놓은 것처럼 움직이지 않는다. "홀수"라는 소리가 들리면 홀수 편인 아이들이 천천히 뒤로 넘어지고, 짝수 편 아이들은 앞쪽으로 기울인다. 짝수와 홀수를 번갈아 가며 불러 준다.

아주 잘 들어맞기만 하면 동그라미는 앞으로 뒤로 멋지게 흔들린다. 나이 어린 아이들과 함께 이 놀이를 할 때에는 앉아서 하는 편이 더 쉽다.

회전목마

☀ 준비물

밧줄(길이 12m / Ø12mm) 1개

☀ 준비과정

아이들이 바짝 붙어 서서 동그라미를 만든다. 적당한 크기의 밧줄을 아이들 뒤에 놓고 8자 연결매듭으로 양 끝을 잇는다.

아이들은 밧줄 동그라미 뒤에 서서 모두 같은 쪽 한 손으로 밧줄을 꼭 쥐고 몸을 바깥쪽으로 기울이는데, 다른 쪽 손은 멀리 바깥쪽으로 뻗는다.

☀ 놀이 아이디어

이 놀이는 추운 계절에 하면 아주 좋다. 뛰면서 하는 놀이라서 얼마 지나지 않아 몸이 따뜻해지기 때문이다.

다 함께 똑같은 방향으로 달려가는데, 처음에는 천천히, 그러다가 점점 더 빠르게 달린다. 그러면서 몸은 가볍게 바깥쪽으로 기울이는데, '휘이' 하며 도는 모습이 마치 회전목마 같다. 이 놀이를 할 때는 아이들이 달리다가 근처에 서 있는 나무들이나 뿌리에 다치지 않게 하기 위해서 넉넉한 자리가 필요하다.

이 특별한 회전목마는 후진으로도 돌아갈 수 있는데, 이때 얼마나 빨리 돌 수 있을지 한번 시험해 보자!

동그라미 줄다리기

준비물

밧줄(길이 12m / Ø12mm) 2개

준비과정

밧줄 하나를 8자 연결매듭으로 이어 커다란 밧줄 동그라미를 만들어 놓아둔다. 다른 밧줄(그물 침대나 덮개 같은 천으로 대체 가능)로는 동그라미 가운데에 호수를 만든다.

놀이 아이디어

아이들 모두 두 손으로 밧줄을 잡는다. "시작!" 하는 소리에 맞춰 아이들은 있는 힘을 다해 뒤로 밧줄을 당겨 맞은편 놀이 친구들을 호수로 끌어들인다.

어느 아이 하나라도 호수에 빠져 '발이 젖으면', 모두 밧줄 동그라미를 다시 호수 둘레에 내려놓고 줄다리기는 처음부터 다시 시작된다. 아이들의 힘이 적절히 배분되게 배치해야 한쪽으로 쏠리지 않는다.

밧줄로 모양 만들기

🌞 준비물

밧줄(길이 12m / Ø12mm) 1개

🌞 준비과정

모두 원으로 둘러선다. 밧줄 하나를 아이들 뒤에 놓고 8자 연결 매듭으로 양 끝을 잇는다. 아이들이 밧줄 동그라미 뒤에 와서 선 다음 밧줄 동그라미를 단단히 잡는다.

🌞 놀이 아이디어

모두들 두 손으로 밧줄을 단단히 잡는다. 이제 놀이를 인솔하는 사람이 아이들에게 두 눈을 감으라고 한 다음, 어떤 모양을 불러 주고 아이들로 하여금 그 모양을 만들도록 한다. 이를테면 삼각형, 정사각형, 직사각형, 8자, 별 모양, 산타의 집 등등.

놀이에 참여한 아이들은 서로 이야기를 할 수는 있지만, 눈은 감은 채여야 한다. 만들어야 할 모양을 다 만들었다고 의견이 모아졌을 때에야 비로소 눈을 뜰 수 있다.

나이 어린 아이들의 경우 달팽이 모양을 만들도록 하는 편이 좋다. 이를 위해서는 밧줄 원의 매듭을 풀어 준다. 아이들은 이 나선 모양을 만들기 위해 모두 움직이면서 서로 함께 맴돌기도 하고 서로를 에워싸고 돌기도 한다.

밧줄 해님

☀ 준비물

아이들마다 3m 길이의 밧줄 1개, 밧줄 고리 또는 슬링 1개

☀ 준비과정

모두 자기가 가진 밧줄을 걸매듭으로 밧줄 고리에 매고 밧줄 끝에는 간단한 8자 매듭을 해서 손으로 잡기 편하게 한다. 이때 손잡이 매듭은 밧줄을 손에 돌려 감지 않고도 밧줄이 미끄러지지 않게 도와준다.

☀ 놀이 아이디어

아이들은 이제 밧줄 끝을 손에 쥐고 힘껏 자기 쪽으로 잡아당겨야 한다. 막대기나 솔방울 같은 것들을 가운데 고리 위에 올려놓고, 아이들이 힘을 모아 그것을 옮겨 가도록 한다.

이때 예를 들어 홀수 번호의 아이들은 눈을 감고 움직이도록 한다면 놀이는 한결 더 어려워진다. 출발점과 도착 지점을 미리 정해 둘 수 있다.

해님 타기

146 숲유치원과 숲학교를 위한 밧줄놀이 2

준비물
아이들 모두 3m 길이의 밧줄 1개, 밧줄 고리 또는 슬링 1개

준비과정
모두 자기가 가진 밧줄을 걸매듭으로 밧줄 고리에 매고 밧줄 끝에는 간단한 8자 매듭을 해서 손으로 잡기 편하게 한다.

놀이 아이디어
아이들이 이제 밧줄 끝을 손에 쥐고 힘껏 자기 쪽으로 잡아당기면서 쪼그리고 앉으면, 아이 하나가 가운데 동그라미 위에 앉을 수 있다. 앉음새를 더 안전하게 하려면 여러 개 밧줄이 두 다리 사이에 오도록 해야 한다.

이제 아이들 모두 일어서서 한 발짝 뒤로 물러서면서 가운데에 앉은 아이를 '헹가래'를 한다. 위아래로 리듬 있게 움직이도록 서로 협동하여야 한다. 가운데 앉은 아이가 이때 눈을 감을 수도 있고 더 나아가 밧줄 위에 누울 수도 있다.

그 밧줄 한가운데에서 일어나 선다는 것은 대단한 도전이 되는데, 그룹 전체 아이들의 협동이 잘 이루어질 때에만 성공할 수 있다. 이 놀이는 숲에서 벌이는 생일 파티에 잘 어울린다.

어린이만 줄을 당기면 힘이 모자랄 수 있다. 그럴 때는 어른들도 참여해서 같이 힘을 보탠다.

해님의 춤

준비물

아이들 모두 3m 길이의 밧줄 1개, 가운데를 위한 밧줄 고리 또는 슬링 1개

준비과정

가운데에 짧은 밧줄 하나로 동그라미를 만든다. 아이들에게 짧은 밧줄을 하나씩 나누어 준다.

놀이 아이디어

숲 속에서 멋진 하루를 보내고 나서 헤어질 때에는 모두 함께 동그랗게 모여 밧줄로 해님을 만들고, 그 해님 둘레를 돌며 춤을 추면서 헤어짐의 노래를 부른다. 이를 위해 아이들은 자기 밧줄을 가운데 해님에 달아 빛줄기(햇살)를 만들어도 좋다. 그 전에 숲에 머무는 동안에도 해님 둘레를 돌며 상징으로 해님의 춤을 출 수 있는데, 이때 오랜 장마 끝에 해님이 다시 모습을 보이기를 기원한다는 의미를 부여해도 좋다.

밧줄 해님 만다라

🌞 준비물

아이들마다 3m 길이의 밧줄 1개
가운데를 위한 밧줄 고리 또는 슬링 1개

🌞 준비과정

가운데에 짧은 밧줄 하나로 동그라미를 만든다. 아이들은 짧은 밧줄을 하나씩 받아서 걸매듭으로 가운데 동그라미에 매단다.

🌞 놀이 아이디어

이 놀이는 운동 놀이 또는 몸 데우기 놀이로 좋다. 추운 계절 아침을 먹고 나서 다시 몸을 따뜻하게 만들거나 숲의 다채로운 색깔을 감상하고 싶을 때 이런 놀이가 제격이다. 밧줄 해님을 숲 바닥에 놓아 햇살을 만들고 난 다음, 가까운 주변에서 햇살 사이를 채울 만한 물건을 찾는다.

해님의 가운데는 밝은 색으로, 이를테면 노란색 가랑잎들로 채운다. 그런 다음 아이들은 나뭇가지, 나무껍질, 솔방울, 돌멩이 같은 것들을 찾아온다. 이런 것들로 안에서부터 바깥쪽으로 채워 간다. 밧줄마다 한 가지씩만 채워도 된다.

밧줄 꽃

준비물

아이들마다 3m 길이의 밧줄 1개
가운데를 위한 밧줄 고리 또는 슬링 1개

준비과정

가운데에 짧은 밧줄 하나로 동그라미를 만든다. 아이들은 둘씩 짝이 되어 짧은 밧줄을 하나씩 받아서, 걸매듭으로 가운데 동그라미에 맨다. 아이 하나가 밧줄의 다른 쪽 끝으로 8자 매듭을 느슨하게 만들면, 이를 다른 아이가 자신의 밧줄 끝을 가지고 8자 연결매듭으로 연결한다.

놀이 아이디어

이제 밧줄들을 가지고 숲의 바닥에 밧줄 꽃을 만든다. 아이들의 활동과 지각을 위한 놀이로 활용하려면 아이들로 하여금 꽃잎들을 채울 물건들을 찾아다가 채우게 하다. 꽃의 가운데는 밝은 색깔로, 이를테면 노란 가랑잎들로 채울 수 있다. 그런 다음에 아이들은 달려가서 가까운 주변에서 돌멩이, 나무껍질, 솔방울, 잔가지 같은 것들을 찾아온다. 이런 것들로 정해 놓은 꽃잎들을 채운다. 어느새 화려한 색깔의 밧줄 꽃이 생겨난다.

밧줄 아이

준비물
아이들 짝 하나에 밧줄 2-3개

준비과정
짧은 밧줄 2-3개를 8자 연결매듭으로 이어서 긴 밧줄로 만든다.

놀이 아이디어
아이들이 밧줄로 제 자신의 몸 모양을 본뜨도록 해 본다.

이때 아이 하나가 숲의 바닥에 가로 누우면 다른 아이가 밧줄을 그 몸 둘레에 펼쳐 놓는다. 이어서 밧줄 아이들을 자연에서 찾은 물건들로 채울 수도 있다.

또 그룹 전체를 대상으로 수수께끼 놀이를 할 수 있다. 이 밧줄 아이는 누구일까?

밧줄놀이 모음

 3m 길이의 짧은 밧줄들로 간단하게 어디서나 할 수 있는 놀이와 운동들을 소개해 본다.

● **매듭 엄마**

아이들마다 가진 짧은 밧줄을 매듭으로 이어 긴 밧줄로 만든 다음 커다란 밧줄 동그라미를 만든다. 이제 모두들 두 손으로 밧줄 동그라미를 단단히 잡고 건너편으로 또 대각 방향으로 서로 자리를 바꾸는데, 매듭을 풀 때도 밧줄을 손에서 놓는 일이 없도록 한다.

● **밧줄 뜀뛰기**

아이들은 3m짜리 밧줄을 받아서 밧줄로 여러 가지 뜀뛰기를 해 볼 자리를 찾게 한다. 앞으로, 뒤로, 밧줄을 배 앞에서 교차시키고, 둘이서 밧줄 하나로 등등.

● **밧줄 줄넘기**

밧줄 줄넘기를 하려면 적어도 아이 3명이 필요하다. 이 놀이는 많은 아이들이 함께할 때 특별히 재미가 더한 놀이다. 이를 위해 3m 밧줄 두 개를 8자 연결매듭으로 엮어 잇는다. 아이 둘이서 밧줄을 돌리면, 다른 아이들이 차례로 또는 다 함께 가운데에서 줄넘기를 한다.

● 누운 밧줄 사다리

이 놀이를 위해 모두 자기가 가진 3m 길이 밧줄을 일정한 간격으로 나란히 바닥에 놓는다. 이제 아이들 모두 줄을 서서 밧줄 사다리를 뜀뛰기로 뛰어넘는다. 맨 처음에 뛰는 아이가 사다리를 어떤 뜀뛰기로 넘어가야 하는지 정하게 한다. 다리 하나로, 뒤로, 옆으로 등등.

● 밧줄 경마

짧은 밧줄들을 가지고 말이 달릴 길을 다양하게 만든다. 자연에서 찾아온 물건들로 채운 장애물도 있다. 아이들은 이제 혼자서 말이 되어 경마 길을 달려가거나 다른 아이 하나와 짝을 지어 달린다. 이때 한쪽은 말을 모는 기수고, 다른 한쪽은 말이다. 장애물은 건드리면 안 된다.

● 밧줄로 모양 만들기

아이들은 눈을 감고 밧줄 하나로 정해 주는 모양(동그라미, 세모, 별 등)을 밧줄로 만드는데, 눈가리개는 스스로 모양이 완성되었다고 생각할 때에야 벗는다. 학교에 다니는 아이들이라면 밧줄로 알파벳이나 숫자를 숲 바닥에 쓰게 할 수도 있다. 이때 나뭇가지나 다른 자연 재료를 함께 이용할 수 있다.

● 맨발의 탐정

숲 바닥에는 3m 길이 밧줄로 여러 가지 모양들이나 알파벳들이 만들어져 있다. 그런 다음 아이들은 탐정이 되어 눈을 가리고 맨발로 더듬어서 무슨 모양인지 알아맞혀야 한다. 아이들이 서로 모양을 만들어 알아맞히게 할 수도 있다.

- ● 밧줄 돌리기

 3m 길이의 밧줄 한쪽 끝에 고무 고리를 매달아 무겁게 만든다. 아이 하나가 그 밧줄을 가지고 되도록 평평한 곳을 골라서 팔을 펼치고 밧줄을 돌린다. 아이들은 그 바깥에서 둘러서서 동그라미를 이루고 있다가 "출발"이란 소리에 맞춰서 안으로 들어오며 돌아가는 밧줄을 뛰어넘는다. 밧줄에 닿은 아이는 빠지거나 술래가 되어 줄을 돌린다.

- ● 거울 흉내 내기

 아이 둘이서 숲 바닥에 3m 길이 밧줄을 사이에 두고 마주 선다. 한쪽 아이는 '거울'이 되고, 다른 아이는 '거울 흉내 내기'를 해야 한다. '흉내 내기' 역할을 맡은 아이는 동시에 '거울'이 하는 몸짓을 그대로 따라 해야 한다. 이때 '거울'은 스스로 알아서 여러 가지 몸짓을 생각해 보여 준다.

밧줄로 하는 놀이 2

여기 소개하는 놀이들의 경우 앞에서 소개된 밧줄 동그라미 놀이에 비해 준비물이 많이 필요하고 또 준비 시간도 많이 든다. 그렇기 때문에 축제나 특별히 계획한 행사에 어울린다.

Schaukelfee & klettermax

아이다움 킨더가르텐

숲 속 밧줄 미로

☀ 준비물

50-100m 길이의 보조 밧줄, 다이내믹 로프 또는 스태틱 로프

☀ 준비과정

이 놀이를 준비하는 데는 15-20분 정도의 시간이 걸린다. 나무들이 매우 촘촘하게 붙어 서 있는 숲 지대를 찾아야 한다. 밧줄을 밧줄 당겨 묶기 기술로 여러 나무에 감아 매서 커다란 그물이 생기도록 한다.

어느 곳엔가 '나오는 문'을 설정해 두어야 한다.

☀ 놀이 아이디어

이 놀이는 여름 축제나 생일을 맞은 아이를 위해 숲에서 할 수 있다. 눈을 감거나 눈가리개를 하고 미로에 들어가서 나오는 문을 혼자 찾아야 한다.

보물(이를테면 밧줄에 달아 놓은 작은 자루의 깜짝 선물)을 미로에 숨겨 두면, 눈을 가린 채로 그 보물을 찾는다.

보물을 찾았으면 그 순간부터는 벙어리가 된다. 그러나 눈을 뜨거나 가리개를 풀고서 눈으로 보면서 나가는 문을 찾아도 된다. 하지만 너무 많은 아이가 한꺼번에 미로에 들어가는 것은 좋지 않다.

숲 속 거미줄

밧줄로 하는 놀이 2

준비물

보조 밧줄(다양한 길이 5-10m / Ø3-4mm) 여러 개

준비과정

밧줄 암벽과 똑같은 원리로 3-4m 간격으로 서 있는 나무 두 그루 사이에 밧줄로 거미줄을 만든다. 이때 밧줄 간격을 일정하게 하며 바닥과 수평을 이루도록 한다. 안전상의 이유에서 조심해야 할 것이 있는데, 거미줄 전체 높이가 아이들 머리 높이보다 높지 않게 해야 한다.

맨 아래 밧줄은 아이들의 무릎 높이가 되도록 하는데, 그 이유는 밧줄을 건드리지 않고 넘어갈 수 있어야 하기 때문이다. 짧은 밧줄들을 수직으로 매서 칸이 여러 개 생기게 한다. 이 칸들은 적어도 아이 하나가 빠져나갈 수 있을 정도 크기여야 한다.

놀이 아이디어

이는 10세 이상 아이들이 힘을 모아서하는 협동 놀이로, 함께 노는 아이들 모두 힘을 합치는 게 중요하다. 그룹을 이룬 아이들은 밧줄을 건드리지 않고 거미줄 한쪽에서 다른 쪽으로 넘어가야 한다. 가장 쉬운 방법은 아이들이 서로 한 명씩 들어 올려 통과시키는 것이다. 추가로 작은 종이나 방울 몇 개를 그물에 달아 놓으면 밧줄을 건드렸는지 쉽게 소리로 알 수 있다.

변형

나이가 좀 더 든 아이들일 경우 규칙들이 몇 가지 더 있다. 이를테면 칸은 한 번씩만 통과할 수 있고, 다른 칸을 모두 다 통과하고 나서야 다시 통과할 수 있게 한다.

숫자가 더 많은 그룹일 경우에는 삼각형을 이룬 나무 3그루를 써서 삼각 거미줄을 펼쳐 놓는다. 이 경우에는 짧은 밧줄을 그에 맞게 여러 개 더 매듭져야 한다. 놀이에 참여한 아이들은 모두 밧줄을 건드리지 않고 그 삼각형을 벗어나야 한다.

탐험여행

🌞 준비물

보조 밧줄(30-50m / Ø4mm)

다양한 작은 물건을 넣고 손으로 만져 알아맞히게 할 작은 주머니와 바닥에 깔 여러 물건.

🌞 준비과정

밧줄을 나무 여러 그루에 걸쳐 매어 놓는다. 이때 그 구간의 바닥이 대조를 이룰 정도로 다양하면 매력이 한결 더하다.

필요할 경우 미리 여러 가지 물건을 모아서 이를 일정한 간격으로 밧줄 아래쪽에 깔아서 더 많은 변화를 줄 수도 있다. 나중에 아이들과 함께 어떤 것을 만졌는지 이야기해 볼 수 있다.

🌞 놀이 아이디어

아이들은 눈을 감거나 눈가리개를 하고 맨발로 밧줄을 따라 산책을 하는데, 두 발로 더듬으며 그 길에 무엇이 놓여 있는지 알아낸다.

변형: 이 놀이는 더듬어 알아맞히기 경험으로 해 볼 수도 있다. 이를 위해서는 아주 다양한 물건을 밧줄 고리에 또는 면으로 만든 작은 주머니에 넣어서 밧줄에 달아 놓는다. 아이들은 이제 그들이 촉감으로 느낀 것이 무엇인지 알아맞힌다. 아니면 자연에서 구해 온 물건들이며 일상에서 흔히 쓰는 물건들을 함께 가져가서, 아이들로 하여금 숲에서 나오지 않은 물건이 무엇인지 또는 자연에서 가져온 물건이 무엇인지 알아맞히게 할 수도 있다.

숲 속 생일파티

자기 생일 파티를 숲 속에서 친구들과 함께 하는 것은 아이들에게 둘도 없이 멋진 경험이 된다. 숲에서는 마음 내키는 대로 마음껏 활동하며 놀고 또 새로운 것들을 얼마든지 찾아낼 수도 있다.

☀ 준비과정

초대장 만들기
먹을거리와 마실거리
보물 상자 만들고 감추어 두기
밧줄 놀이기구 몇 개 설치하기

☀ 준비물

비가림 천막, 작은 매트, 컵, 접시, 숟가락과 젓가락이나 포크, 냅킨, 유리병이나 컵에 담은 초, 먹을거리와 마실거리, 식탁에 깔 식탁보, 물, 손수건, 밧줄놀이 기본 세트, 해먹, 구급약품, 휴대폰

☀ 진행

- 인사하기 : 생일축하 노래와 밧줄 해님 놀이
- 밧줄 놀이기구를 통한 다양한 놀이
- 그룹 놀이(밧줄 또는 다른 물건들을 가지고)
- 케이크 먹고 음료수 마시기
- 요리하기(팝콘이나 초콜릿 바나나)
- 보물찾기
- 설치한 것들 해체하고 청소하기
- 헤어지기

숲 속 잔치

☀ 준비과정
여러 가지 밧줄놀이 기구 설치

☀ 준비물
다양한 굵기와 길이의 밧줄 약 100-200m

☀ 놀이 아이디어
숲의 한 자리에 밧줄놀이 기구들을 다양하게 설치할 수 있다. 이를테면 여러 가지 종류의 그네와 해먹 몇 개, 커다란 밧줄 등반 기구 하나, 밧줄 암벽 하나, 밧줄 다리 하나와 거기서 좀 떨어진 곳에다 탐험 여행이나 밧줄 미로를 꾸밀 수도 있다.

이런 날은 당연히 특별한 주제가 있는 게 좋다. 놀이의 주제와 이야기에 따라 밧줄놀이 기구들을 연속으로 설치하여 놀이동산처럼 놀이에 통합시킬 수도 있다. 이에 어울리는 주제들이라면, 인디언, 해적, 난쟁이 나라, 숲 속 동물들의 축제, 로빈후드 또는 여왕벌이나 행복한 한스와 같은 동화도 좋다.

여러 가지 밧줄놀이 기구들로 이루어진 숲 속 잔치를 열려면 여러 놀이기구들을 차례로 연결시키는 편이 좋다. 이를테면, 숲 속으로 들어가는 입구에는 밧줄 거미집을 만들어 모두들 거미집을 통해 숲 속으로 들어가게 한다. 그런 다음에는 모두 함께 인디언길을 지난다. 숲 터 한복판에는 해먹과 여러 가지 숲 그네들이 있어서 편하게 즐길 수 있게 한다. 아이들은 불 가에서 노는 것도 좋아한다. 한국에서는 특히 가물 때가 많아서 산불을 조심해야 하기 때문에, 불을 피울 때에는 특별히 여러 가지를 살펴야 한다. 바람이 불 때는 불 피우는 것을 되도록 삼간다. 불가피한 경우 자그맣게 피우는 것은 몰라도 크게 피우지 않는 게 좋다. 이때 아이들이 불을 건드리지 못하게 막는 것보다는 조심해서 다루도록 모범을 보여야 한다. 그저 금지하는 것은 아이들 재미를 망치는 것이 되고, 어차피 눈으로 본 것은 해 보고 싶은 게 아이들 마음이기 때문이다.

도움말
이런 잔치를 벌이려면 밧줄이 많이 필요하기 때문에 그 지역의 다른 숲놀이 그룹이나 숲유치원과 함께 연계하거나 필요한 밧줄을 빌리는 것이 좋다.

숲에서 여는 학부모와의 만남

☀ 주제 : 숲 속 잔치
여름방학 전후로 따스하고 밝은 여름 저녁을 살려 학부모 만남의 자리를 마련하여 숲 속 잔치를 열 수 있다.

☀ 준비물
밧줄(길이 12m / Ø12mm) 4개

밧줄(길이 20m / Ø12mm) 1개

밧줄(길이 3m / Ø8mm) 12개

보조 밧줄(길이 50m / Ø4-6mm)

슬랙라인 세트

눈가리개

먹을거리와 마실거리

☀ 준비과정
숲 속 거미줄을 적당한 숲으로 들어가는 곳의 나무 두 그루 사이에 만든다.

탐험여행을 위해서는 평평하지 않은 곳이 더 잘 어울린다. 작은 시냇물이라도 있으면 그걸 건너게 해도 좋다. 불 피울 자리와 먹을거리 그리고 음료수는 놀이 시작 전에 준비를 마쳐야 한다.

☀ 놀이 제안

1. 주제 도입

둥그렇게 모여 앉아서 인사와 노래

2. 밧줄 해님 놀이

3. 놀이

숲 속 거미줄

4. 슬랙라인

부모들로 하여금 모두 함께 한 사람도 바닥에 닿지 않고 슬랙라인을 지나는 과제를 준다. 이때 손잡이 보조 밧줄의 간격은 혼자서는 갈 수 없고 다른 사람들과 손에 손을 잡고 협조해야만 갈 수 있는 정도로 한다.

5. 탐험여행

6. 나눔의 동그라미

"고 앤 스톱!"

학부모들이 바랄 경우 이어서 짧은 나눔의 시간을 가져도 좋다. 이때에는 모두가 둥그렇게 모여 서서 이웃과 어깨동무를 한다. "고" 소리가 나면 작은 걸음으로 시계방향으로 돌고, 누군가 한 사람이 "스톱" 하고 외치면 선다. 그러면 외친 사람이 특히 마음에 들었다거나 좋다고 생각하는 것을 한두 문장으로 말한다. 그런 다음에 다시 "고" 하고 외치면, 역시 시계방향으로 원이 돌아간다. 다른 누군가 "스톱"을 외칠 때까지.

7. 모닥불과 마무리

아늑한 분위기에서 불을 에워싸고 둥그렇게 둘러앉아 마무리한다.

☀️ **도움말**

참여는 저마다 알아서 결정하도록 하고, 억지로 참여하는 일은 없어야 한다.

시간은 대략 두 시간 반 정도가 좋다.

숲에서 맛보는 독특한 체험과 놀이는 언제나 우리 교사들의 일에 대한 부모들의 협조에 긍정적인 영향을 주며, 자연 친화 교육에 대한 관심을 키워 준다.

밧줄로 하는 놀이 3

여기에 소개된 밧줄로 하는 신체놀이 응용편들은 말 그대로 기존의 놀이들을 밧줄놀이로 응용한 것도 있고, 놀이 과정 중에 새로이 개발된 것도 있음을 알려드립니다.

밧줄로 생태 고리 풀기

☀ 준비물
밧줄(길이 12m / Ø11mm) 1개

☀ 준비과정
8~12명이 15m 길이의 밧줄을 적당히 엉켜 놓는다.

☀ 놀이 아이디어
흥미를 돋우기 위해 밧줄 주위를 율동과 함께 돌면서 노래를 부른 후 노래가 끝나면 제자리에 서서 오른손으로 꼬인 밧줄을 잡는다. 일어나서 손을 놓지 않고 꼬인 밧줄을 온몸을 이용해서 풀어 나간다(다 푼 후 숲 생태계의 연결성을 설명하며 생태계가 하나라는 것을 이해시키는 것도 좋지만 즐겁게 놀이하는 것만으로도 충분하다).

☀ 참고사항
토론하면서 손을 놓지 않고 풀어야 한다는 것을 이야기해 준다. 실패를 해도 바로 알려 주지 말고 스스로 해결하도록 유도한다.

☀ 놀이개발자
(사)한국숲밧줄놀이연구회 지도자 김현석 · 황영선 · 김은동 · 김준희 · 최은주 · 강건 · 유현희 · 김금옥

뽐내기 밧줄 무대놀이

준비물
밧줄(길이 12m / Ø11mm) 1개

준비과정
12명 이상이 밧줄 길이를 적정히 적용하여 모둠을 나눈다.

놀이 아이디어
두 모둠으로 나눠서 한 모둠은 줄을 잡아 모양을 만들고 다른 모둠은 '나 따라 해 봐요' 노래를 부르면서 밧줄 주위를 돌다가 노래가 끝나면 맨 앞사람이 줄 안으로 들어가 재미있는 몸짓을 하면 밖에 있는 모둠원은 그대로 따라 한다. 한 모둠의 마지막 아이가 할 때까지 진행하고 모둠을 바꾸어 놀이를 한다.

참고사항
확장 : 밧줄 안에 미션 통(그림, 카드)을 놓아두고 선택한 그림카드를 신체로 표현하면 바깥 모둠 아이들이 알아맞힌다(그림카드 - 동물, 곤충, 꽃, 나무 등).

놀이개발자
(사)한국숲밧줄놀이연구회 지도자 김현석 · 황영선 · 김은동 · 김준희 · 최은주 · 강건 · 유현희 · 김금옥

민달팽이 놀이

☀ 준비물
밧줄(길이 30m / Ø11mm) 1~3개, 나무 막대 8개

☀ 준비과정
10~14명 정도가 두 팀으로 그룹을 나눈다. 평평한 바닥에 밧줄로 양쪽 진영에 달팽이 모양을 만들고, 두 집을 연결하는 구불구불한 길을 만든다. 길 중간중간에 나무 막대나 다른 자연물로 미션 구역을 정하고 미션 행동도 정하여 둔다.

☀ 놀이 아이디어
각 팀원은 순서를 정한 후 차례대로 자기 진영에서 출발, 상대편과 마주치는 지점에서 정지하여 가위바위보를 한다. 진 사람은 되돌아가서 다음 순서를 기다리고, 이긴 사람은 계속 전진하며 다음 사람과 만나면 또 가위바위보를 한다. 앞사람이 지면 다음 사람은 곧바로 출발한다. 상대편 진영에 먼저 진입하면 게임이 끝난다. 가는 길에 미션 구역을 만나면 미션 행동을 수행한 후 계속 전진한다.

☀ 참고사항
연령에 맞추어 미션 행동을 다양하게 변형할 수 있다.

☀ 놀이개발자
(사)한국숲밧줄놀이연구회 지도자 김보연 · 양소영 · 정규재 · 김기태 · 김남홍 · 김미경 · 윤성환 · 김희경 · 김연순 · 박인경

거미줄 따라

🌞 준비물

밧줄(길이 30m / Ø11mm) 1개, 밧줄(길이 3m / Ø8mm) 15개, 눈가리개

🌞 준비과정

주변의 굵은 나무 여러 개를 활용하여 둘레를 친다. 중앙에 가로, 세로 선을 묶는다(11mm), 8mm 줄을 사용하여 참가자가 자유롭게 줄을 묶어 거미줄을 만든다.

🌞 놀이 아이디어

눈 나쁜 거미의 술래잡기 : 한손으로만 줄을 잡고 참가자 모두가 눈을 가리고 술래잡기 하기

거미놀이 : 거미만 눈을 가리고 노래를 부르는 동안 먹이들이 자유롭게 돌다가 끝에 멈추어 선다. 거미는 줄을 따라 먹이를 잡으러 간다.

숲 속 걸음 물속 걸음 : 다리를 들어 줄을 넘어 가면서 숲에서 걷는 법 알기, 다리를 끌면서 줄 밑으로 가면서 물속 걷는 법 알기

술래잡기 : 술래를 정하고 한 손으로 줄을 잡고 잡기놀이 하기

🌞 놀이개발자

(사)한국숲밧줄놀이연구회 지도자 김선동 · 양재화 · 백은자 · 윤충현

밧줄 잡고 팽팽

준비물
슬링 혹은 밧줄(길이 5m / Ø11mm) 1개

준비과정
4명 이상이 한 모둠이 되어 밧줄로 슬링을 적당한 크기로 만들어 잡고 둘러선다(모두 두 발을 모아 선다).

놀이 아이디어
신호에 맞추어 동시에 4명이 엉덩이가 땅에 닿게 앉는다(이때, 발을 움직이면 안 됨). 신호에 맞추어 동시에 4명이 일어선 뒤 균형을 맞추어 팔을 쭉 뻗어 몸을 뒤로 젖힌다.

참고사항
이 활동은 모둠원 간에 힘의 균형을 적절히 맞추어야 한다. 나이나 체격이 다른 그룹일 경우 서로 배려가 더욱 필요하다.

놀이개발자
(사)한국숲밧줄놀이연구회 지도자 김선동 · 양재화 · 백은자 · 윤충현

폴짝 밧줄

준비물
밧줄(길이 12m / Ø11mm) 1-2개

준비과정
두 명이 밧줄을 한 손에 한 줄씩 양 손에 나란히 잡는다.
4분의 3박자 노래를 준비한다(노래 예: 과수원 길, 모닥불, 무엇이 무엇이 똑같을까 등).

놀이 아이디어
이 놀이는 필리핀 전통 민속놀이 '대나무 넘기'에서 아이디어를 얻었다. 대나무 대신 밧줄을 사용한다.

밧줄을 잡은 두 사람이 노래 박자에 맞춰 밧줄을 가운데로 모았다 벌렸다 하면 나머지 사람들은 뜀뛰며, 움직이는 밧줄을 피해 넘어다닌다.

1단계 : 차례로 뜀뛰어 건넌다. 밧줄에 걸리거나 넘어지지 않게 주의하며 노래에 맞춰 진행한다.
2단계 : 연속 뛰기(건너갔다 건너오기)
3단계 : 두 명씩 함께 뛰기
4단계 : 팀원 전체가 들어가 같이 뛰기

놀이개발자
(사)한국숲밧줄놀이연구회 지도자 유윤희 · 김경현 · 김문희 · 김지선

밧줄 꽃이 피었습니다

준비물
밧줄(길이 3m / Ø8mm) 1명당 1개

준비과정
각각 가진 밧줄을 연결하여 원을 만들고, 한 번 겹쳐 다리에 끼워 무릎에 걸친다. 놀이를 하는 내내 밧줄이 땅에 떨어지지 않게 주의한다.

놀이 아이디어
이 놀이는 '무궁화 꽃이 피었습니다'를 변형한 놀이이다.

술래가 돌아서서 기둥을 마주 보고 "밧줄 꽃이 피었습니다"를 외치는 동안 다른 참가자는 술래가 있는 기둥을 향하여 전진한다. 무릎에 걸친 밧줄이 흘러내리지 않도록 다리를 벌리고 엉거주춤 서서 이동한다. 술래가 돌아볼 때 움직인 사람은 술래의 손을 잡고 길게 늘어선다. 누군가 술래와 잡은 손을 끊으면 어기적어기적 모두 달아난다.

술래도 어기적거리며 달아나는 사람을 잡는다. 술래의 손에 잡힌 사람은 술래가 된다.

놀이개발자
(사)한국숲밧줄놀이연구회 지도자 김연도 · 유성언

둘이 살짝 징검다리

☀ 준비물

밧줄(길이 3m / Ø8mm) 참가인원 1인당 1개

☀ 준비과정

각자 밧줄을 8자 연결매듭으로 연결하여 원을 만든다.
팀을 나누고 팀 안에서 2인이 1조가 된다.

☀ 놀이 아이디어

밧줄 원이 징검다리가 된다.
한 명이 징검다리를 놓아주고 다른 한 명은 뜀뛰며 징검다리를 건너 반환점을 돌아온다.

☀ 참고사항

두 명 중 한 사람이 계속 징검다리를 놓아주게 된다. 그래서 역할을 바꿔서 한 번 더 놀이를 진행하는 것이 좋다.

☀ 놀이개발자

(사)한국숲밧줄놀이연구회 지도자 최문길 · 이금화 · 홍영훈 · 정선미

그물을 넓혀라

준비물

밧줄(길이 3m / Ø8mm) 참가인원 1인당 1개

준비과정

각각 밧줄을 8자 연결매듭으로 연결하여 원을 만들고 다음 노래를 배운다: "오른발 들고 왼발 들고 앞으로 갔다 뒤로 갔다 콩콩콩"

놀이 아이디어

밧줄을 허리에 끼고 다 같이 "오른발 들고 왼발 들고…" 노래에 맞춰 율동을 하며 다른 사람을 만나서 가위바위보를 한다. 진 사람은 이긴 사람의 밧줄 속으로 들어간다.

위의 과정을 여러 번 반복하여 두 팀이 남을 때까지 진행한다. 마지막으로 이긴 팀은 승리의 세리머니로 진 팀과 기쁨을 나눈다.

참고사항

게임 참가자가 홀수일 경우 진행자도 같이 놀이에 참여하여 짝수를 만들어 소외되는 팀이 없도록 한다.

놀이개발자

(사)한국숲밧줄놀이연구회 지도자 정규재 · 구서연 · 김서경

밧줄놀이1권 목차

추천의 글 5
드리는 말씀 8

숲에서 키우는 심신 발달의 조화 17
심리기능과 운동기능의 조화란 무엇인가? 19
꼭두각시가 되어버린 아이들 20
숲으로 가야 하는 이유 23
숲 속에서 "맘껏" 활동하다 27
밧줄을 이용해 할 수 있는 놀이들 30
밧줄놀이를 이용한 숲 속의 체험활동 33
숲에서 밧줄놀이 기구 다루기 36
밧줄놀이 기구의 놀이 규칙 41
교육학 차원에서 생각할 거리 42
아이들과 함께 숲으로 46

밧줄놀이를 위한 장비 48
장비에 대한 지식 51
밧줄에 대해 알아두어야 할 지식 56
매듭에 필요한 지식 60

매듭법 64
끈매듭(팀버 히치) 66
8자매듭 68
8자매듭고리 70
8자연결매듭 72
고리매듭(보울라인) 74
지레매듭 78
제풀기매듭(할터 히치) 80
옭매듭 82
걸매듭 84

푸르지크 매듭 87
밧줄 발걸이 90
임시 안전띠 92
밧줄 당겨 묶기 기술 94
여러 나무에 밧줄 걸기 98
밧줄 당겨 조이기 100
가르다 히치 102
클렘하이스트 104
나무사다리 106
그네 슬링 만들기 108
해먹 걸기 110
밧줄 배낭 112

설치 도움말 116
숲 배낭 119
숲에서 좋은 자리의 기준 120
적합한 나무들 121
현장 답사 122
꼭 살펴야 할 안전 사항 123
생태학 차원에서 살필 점 125
설치와 철거 126
늘어진 밧줄 당겨 조이기 127
키보다 높은 곳에 밧줄 매기 128
밧줄 아래쪽으로 당겨 매기 129
나뭇가지에 밧줄 고정하기 131
높은 가지에 밧줄 고정하기 132
나무사다리 133
밧줄 타고 내려가기 134
유치원 근처 야외에 설치하는 밧줄놀이 기구 137

숲에서 그네 타기 142
숲 그네 145
거인 그네 149

육각그네 152
그네 슬링 155
간편 밧줄그네 157
밧줄회전목마 160
이중 회전목마 163

밧줄다리 168
밧줄 해적 다리 171
십자교차 다리 175
버마 다리 178
네팔 다리 182
흔들 다리 185
밧줄 등반길 '산과 골짜기' 188
교차 다리 191
그네 다리 194

책을 내면서 198
부록203

찾아보기

내용	쪽/권	내용	쪽/권
8자고리매듭	70/1	높은 가지에 밧줄 고정하기	132/1
8자매듭	68/1	높은 곳에 줄 매기	128/1
8자매듭고리	70/1	늘어진 밧줄 당겨 조이기	127/1
8자연결매듭	72/1	다람쥐 삼각형	46/2
S자 하강	134/1	당겨 묶기	94/1
X자 등반길	40/2	당겨 조이기	100/1
		당김매듭	22/2
ㄱ ㄴ ㄷ		동그라미	133/2
가르다 히치	102/1	동그라미 줄다리기	140/2
간편 밧줄그네	157/1	둘이 살짝 징검다리	194/2
감은매듭	16/2		
거미줄 따라	186/2	ㄹ ㅁ ㅂ	
거미줄, 숲 속	166/2	랑데부, 밧줄 위	97/2
거인 그네	149/1	만다라, 밧줄 해님	150/2
걸매듭	84/1	맞매듭	26/2
고리매듭	74/1	모양 만들기	142/2
공중 거미집	34/2	미로	163/2
교차 다리	191/1	민달팽이 놀이	184/2
그네 다리	194/1	바닥 거미줄	37/2
그네 슬링	155/1	발걸이	90/1
그네 슬링 만들기	108/1	밧줄 그물 암벽	56/2
그물을 넓혀라	196/2	밧줄 꽃	152/2
끈매듭	66/1	밧줄 꽃이 피었습니다	192/2
꽃, 밧줄	152/2	밧줄 다리	168/1
나무사다리	106, 133/1	밧줄 당겨 묶기	94/1
나뭇가지에 밧줄 고정하기	131/1	밧줄 당겨 조이기	100/1
널뛰기	104/2	밧줄 동산	49/2
네팔 다리	182/1	밧줄 사리기	112/1
놀이 모음, 밧줄	156/2	밧줄 아이	154/2

내용	쪽/권	내용	쪽/권
밧줄 암벽	52/2	여러 나무에 밧줄걸기	98/1
밧줄 잡고 팽팽	188/2	옭매듭	82/1
밧줄 타고 내려가기	134/1	옭매듭 이중	24/2
밧줄 해님	144/2	유람선	78/2
밧줄놀이 모음	156/2	육각 그네	152/1
밧줄로 모양 만들기	142/2	이중 오버핸드 매듭	24/2
배낭, 밧줄	112/1	인디언 길	107/2
배낭, 숲	119/1	일어서, 앉아!	134/2
버마 다리	178/1	임시안전띠	92/1
보울라인	74/1	잔치	172/2
비가림 천막	126/2	장구매듭	20/2
뽐내기 무대놀이	182/2	재주넘기	69/2
		적합한 나무들	121/1
ㅅ ㅇ ㅈ		정글길	94/2
사다리	106, 133/1	정글짐	31/2
사다리, 가로 걸린	88/2	제풀기매듭	80/1
사다리, 밧줄	43/2	좋은 자리의 기준	120/1
산과 골짜기	188/1	줄다리기	140/2
생일파티	170/2	줄사다리, 막대	60/2
생태 고리 풀기	180/2	중간자매듭	18/2
생태 보호	125/1	중심잡기	65/2
설치와 철거	126/1	지레매듭	78/1
숲 그네	145/1	짚라인	71/2
숲 배낭	119/1		
숲 케이블카	71/2	**ㅊ ㅋ ㅌ ㅎ**	
스퀘어 매듭	26/2	천 그네	123/2
슬랙라인	82/2	춤, 해님의	148/2
십자 교차 다리	175/1	케이블카	71/2
아래쪽으로 당겨 매기	129/1	클렘하이스트	104/1
아이, 밧줄	154/2	클로브 히치	16/2
안전 사항	123/1	타프	126/2
안전벨트	92/1	탐험여행	168/2

내용	쪽/권
토트라인 히치	22/2
트램펄린	100/2
트럭매듭	100/1
팀버히치	66/1
폴짝 밧줄	190/2
푸르지크매듭	87/1
피셔맨스 매듭	20/2
하네스	92/1
하네스 루프	18/2
학부모와의 만남	175/2
할터 히치	80/1
해님	144/2
해님 만다라	150/2
해님 타기	146/2
해님의 춤	148/2
해먹	119/2
해먹 걸기	110/1
해먹, 천 그네, 천막	116/2
해적 다리	171/1
현장 답사	122/1
회전목마	160/1
회전목마	138/2
회전목마 이중	163/1
흔들 푸딩	136/2
흔들길	91/2
흔들다리	185/1
흔들리는 곰	112/2

숲 밧줄놀이에 필요한 장비

로프(밧줄, 자일)
숲밧줄놀이에서 다리나 그네를 만들 때 쓰이는 메인 로프는 굵기가 11mm 이상의 고강도 스태틱로프여야 한다. 신축성이 있는 등반로프에 비해 스태틱로프는 늘어나지 않는다. 강도는 등반로프 못지않게 강해야 한다(강도 2,000kg 이상).

보조로프
주로 8mm 굵기의 로프로 그네, 다리, 밧줄해님 등 용도가 다양하다. 역시 고강도 스태틱로프를 사용한다. 1인당 하나씩 가지고 매듭 연습, 만다라, 밧줄 아이 등 다양한 놀이에 사용한다.

스트링(코드슬링)
굵기가 가는 밧줄을 말한다. 타프(그늘막), 텐트 설치 등에는 강도가 높을 필요가 없지만, 푸르지크 매듭에 쓰는 코드슬링은 고강도여야 한다.

카라비너
밧줄을 연결할 때 사용하면 무척 편하다. 등반용처럼 반드시 숫자로 강도 표시가 되어있는 것을 사용해야 한다. 나사로 잠궈 보다 안전하게 만든 것을 '잠금카라비너'라고 한다.

탠덤도르래
이중도르래로 꼬이지 않고 안정적으로 잘 굴러간다. 손잡이, 그네안장 등 다양하게 걸어 짚라인에 사용한다.

탠덤도르래와 잠금카라비너를 연결한 것

그네안장
소방호스, 벨트슬링 등을 보조로프나 슬링과 연결하여 그네안장으로 사용한다. 가볍고 부피가 작아야 휴대하기 좋다.

슬링(루프슬링)

테이프슬링을 원형으로 이어 고리로 만든 것이다. 밧줄을 나무나 기둥에 걸거나 그네를 만들 때 사용하면 편하다. 길이는 30cm에서 2m까지 다양하다. 숲밧줄놀이에서는 90~150cm 길이의 슬링을 주로 사용한다. 강도 표기가 되어 있는 제품을 사용해야 한다.

매듭법

숲밧줄장비를 설치하기 위해서는 몇 가지 매듭법을 익혀야 한다. 필수 매듭법을 익혀 놓으면 일상생활에서도 큰 도움이 될 것이다. 매듭법 손수건, 매듭법 카드 등이 있다.

슬랙라인(라쳇자동바)

숲밧줄놀이에 필수라고 할 만큼 중요한 장비이다. 손쉽게 밧줄을 당겨 묶을 때 사용한다. 설치하기 쉽고 외줄타기, 균형잡기 놀이에 안성맞춤이다.

기타 장비

해먹, 타프(그늘막 + 비가림), 바닥 깔개, 휴대용 톱, 모기 및 진드기 기피제 등

www.forestkebi.kr

숲밧줄놀이 장비

제품문의 070-4318-4985

로프와놀이움은 안전을 위해 검증된 제품과 좋은 가격으로 최선을 다합니다.
다양한 제품들을 인터넷쇼핑몰 www.forestkebi.kr에서 만나보세요.

로프
▶각종 다리, 짚라인 기구설치 등
▶색상: 랜덤
1) 로프 11mm×20m / 68,000원
2) 로프 11mm×12m / 40,800원

보조로프
▶매듭법, 기구설치, 몸놀이, 자연미술 등
▶색상: 랜덤
1) 보조로프 8mm×3m / 5,600원
2) 보조로프 8mm×4m / 7,200원

그네안장
▶설명: 벨트슬링
▶색상: 흰색 / 4,500원

슬랙라인
▶건너가기, 균형잡기
▶색상: 노랑 / 76,000원

슬링 1.2m
▶밧줄해님 등
▶색상: 랜덤 / 9,500원

잠금카라비너
▶기구설치, 걸이 등
▶색상: 랜덤 / 13,500원

카라비너
▶기구설치
▶색상: 랜덤 / 11,500원

나무보호대
▶기구설치 시 수목보호
▶색상: 청색 / 3,400원

파라슈트 해먹
▶명상 휴식 놀이 등
▶색상: 랜덤 / 26,000원

탠덤 도르래
▶수평 횡단용 도르래 (짚라인)
▶색상: 빨강 / 75,000원

스피드 도르래
▶볼 베어링이 정착된 스테인리스 스틸 도르래
▶색상: 실버 / 113,000원

(사)한국숲밧줄놀이연구회와 함께 할 회원을 모집합니다.

(사)한국숲밧줄놀이연구회는
생태주의적 가치관을 바탕으로
자연과 인간이 공존하는 생활방식을 지향합니다.

숲놀이를 통한 배움과 나눔, 환경을 바라보는
인식의 변화를 위해 일하는 사람들의 모임입니다.

자연을 느끼며 사람을 사랑하는 법을 배우는
숲밧줄놀이와 자연미술의 연구 및 보급을 통해,
몸을 움직이는 건전한 놀이 문화와 명상,
오감 체험과 예술적 감성을 풍요롭게 하는데
노력하고 있습니다.

(사)한국숲밧줄놀이연구회와 함께 하여 주세요.

인증번호 제2014-7호
환경부

(사)한국숲밧줄놀이연구회

12269 경기도 남양주시 와부읍 궁촌로 6-35
Tel.031-576-4985 Fax.031-624-5337
E-mail. ropeschool@naver.com
http://cafe.naver.com/forestrope

------- 절취선 -------

(사)한국숲밧줄놀이연구회 회원 가입 및 CMS신청서

이름		성별	
주민번호		직업	
전화		손전화	
이메일			
주소			
회비납부방식	☐ CMS		☐ 자동이체
예금주	은행명		이체일
계좌번호			
회비	☐ 개인회원(10,000원)		☐ 기관회원

* CMS란? 약정하신 금액을 매월 통장에서 자동 출금하는 것입니다.

본인은 (사)한국숲밧줄놀이연구회 회원으로 법인의 정관 및 제규약을 준수하며
법인의 활동에 적극적으로 참여 할 것을 서약하고 입회하고자 신청합니다.